李志堅◎著

加薪升職

好員工要上的8堂口才課

Eloquence in the Workplace：The 8 essential skills employers want

張口就來

推薦序

學好八堂口才課，輕鬆說出「金飯碗」

從古至今，關於口才的名言佳句一直層出不窮，比如，古語的「一言可以興邦，一言可以誤國」，現今的「是人才未必有口才，有口才必定是人才」等，都道出了口才的重要作用。

什麼是口才？

口才，是一切才能的先行官，它在社會交往中的作用就如維生素對於身體一樣重要。好的口才，可以助你事業成功、人際和睦、化解危機，使你在人群中脫穎而出，成就不同的世界。孔子周遊列國，蘇秦、張儀之流把眾諸侯玩弄於掌股之上，諸葛亮舌戰群儒，靠的是口才；說服顧客，簽下訂單，拿下談判，靠的是口才；一篇學術論文的答辯，一場說服教育談話，靠的還是口才……難怪古人說：一言之辯，重於九鼎之寶；三寸之舌，強於百萬之師。

二十一世紀，口才的作用絲毫沒有減弱。無論從事三百六十行中的哪一行，都離不開口才：教師用口才培育棟樑；商人用口才招攬顧客；企業家用口才管理公司；心理諮詢師用口才為患者打開心結；演講家用口才鼓舞人心……

人際關係專家經研究發現：在職場中，善於言談的員工，與同事發生爭執的次數幾乎為零，受上司表揚的機率很高，而且，這樣的員工很有當領導者的潛質。因為升職加薪、處理複雜的人際關係都有賴於好口才的幫助，可以說，一個人要想在職場中站得久、站得穩、站得高，就要用好口才這把利器。

有的人會發出反對和質疑的聲音：「我口才不好，但我工作努力，業績也好，難道就因為我不善於說話，老闆就會將我掃地出門嗎？」不可否認，一個人在職場中的前途是否光明，工作能力和工作態度有舉足輕重的作用，但是，口才的影響力絲毫不遜色於它們。我們可以回想一下，身邊是否有人曾陷入這樣的窘境：因為與上司缺乏溝通而錯失了升職加薪的機會；由於缺乏談判技巧而搞砸了一筆大買賣；因為說服不了客戶而簽不了訂單；由於言詞欠妥而得罪整個辦公室的同事等。相信每個人都經歷或見證過這樣的悲劇，究其原因，就是口才不厲害。這正如古羅馬著名演說家西塞羅所說：「沒有有效的表達，即使智商很高的人也得不到人們的任何尊敬；相反，有效的表達卻可以使一個資質平平的人被認為在那些有才華的人之上。」

口才是員工必修的科目，它可以幫助員工在職場中大展拳腳，盡顯才華。

本書就是為職場中人量身訂做的一本實用「教科書」，書中的八堂課很有代表性，涵蓋了員工最想學習的口才知識。不僅如此，每堂課的內容也很豐富，既有練就金口才的理論知識——說話的方法和技巧，也有生動的情景再現——職場口才案例。

認真研讀此書，員工就可以自學成材，練就一張巧嘴，掌控職場。

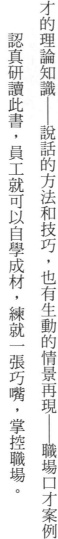

作者序

練就好口才，職場好未來

一言使人憂，一言使人喜。這，就是口才的魅力。

三寸之舌，強於百萬之師。這，就是口才的威力。

二十世紀四〇年代，美國人將「口才、金錢、原子彈」列為世界上的三大法寶，到了六〇年代，又將「口才、金錢、電腦」看成最具力量的三大利器。

在職場中打拼，誰都想獲得成功，那麼，好口才就是職場成功的法寶與利器。

當今社會，日漸激烈的競爭，錯綜複雜的人際交往，使練就好口才成了職場中人必做的功課之一。如果有人還是固執地認為「憑藉我的能力和努力，我就可以在工作中順風順水、扶搖直上」，那只證明他「很傻、很天真」。因為說話水準是一個人思維能力、觀念高度、知識底蘊的綜合表現。在很多情況下，社會、組織對一個人的認識、瞭解，以及人與人之間的認識瞭解，都是透過說話來實現的。

由於職場人際關係的複雜性和職場工作的特殊性，職場人要想把話說好更是極為困難的，比如批評上司、向同事提意見、點破別人謊言等，如果表述不當，方法不妥，極容易產生誤會，引發爭執，甚至會丟掉自己的飯碗。

張玉卓在一家跨國公司擔任企劃主管，她的思維靈活多變，工作能力很強，但在公司工作了三年，卻一直得不到提升，究其原因，就是她的「實話實說」。一次，企劃總監告訴她，要給一家私立學校做一個宣傳案的企劃。經過部門成員的討論後，張玉卓完全按照企劃總監的指示做企劃案，並順利完成。但是，當企劃案交到總經理那裡時，本以為會被表揚的她卻被狠狠地罵了一番。

張玉卓對總經理說，這個企劃案是企劃部門所有員工討論的結果，企劃總監也非常贊同，而且在這個企劃案中，大部分都是企劃總監的想法。總經理聽後，立刻讓秘書將企劃總監叫到辦公室，當面對質。總經理面帶怒色地質問企劃總監：「你做了這麼多年的企劃，怎麼還是如此水準？趕緊重做，如果搞不定，就直接回家吧！」

從總經理的辦公室出來後，張玉卓被企劃總監帶到辦公室，又挨了一頓罵。企劃總監告誡她，以後說話前好好想想，別太實在，什麼都說出去。張玉卓卻感到委屈：「難道說實話也有錯？人力資源總監當初面試我的時候，告訴我的第一句話就是不要說假話，現在我處處說實話，反倒挨了罵，真是太不講理了！」

都說吃一塹長一智，但張玉卓就是光吃塹不長智，還是保持這樣的說話習慣，有什麼說什麼。結果一年過去了，部門的人不是升職就是加薪，而她依然原地踏步。

正如一位企業培訓師所說：「話說得好，小則可以討喜、動人，大則可以保身、興邦；話說得不好，小則樹敵、傷友，大則喪命、失江山。」舉凡有所建樹、能夠鶴立雞群、在專業領域中指點江山的「人上人」，往往是舌燦蓮花、說得一口漂亮話的人。他們能夠清晰地將自己的想法講給他人聽，用鏗鏘有力的語言激發別人的鬥志，憑春風細雨般的話語消除矛盾，從而贏得眾人的尊重和事業的輝煌。可見，若想人生騰達，就要學會說話。若要職場順利，必須重視口才的修練。

也許有人會問，我現在學習口才是不是遲了？

「遲到總比不到好」，訓練口才也一樣，不怕晚學，就怕不學。從現在開始，調整你的生活計畫，不要再把你的業餘時間都放在逛街、購物、看電影、玩網路遊戲上，拿起這本書，來快速有效地提升自己的語言功力。

那些職場管理中言之有情的說話妙招，職場糾紛時言之有理的說話訣竅，職場會議上言之有物的發言技巧，職場公關中言之有趣的說話藝術，會讓你輕鬆說出職場「金飯碗」！

目錄

第一堂

說得漂亮——一張好嘴提升職場人緣

第二堂

贏得上司——一席巧言和諧上下關係

第三堂

親近同事——三寸之舌掌控辦公室政治

第四堂

技壓對手——唇槍舌劍笑傲談判江湖

第五堂

搞定客戶——鐵齒銅牙馳騁銷售沙場

第六堂

征服聽眾——妙語連珠彰顯演講魅力

第七堂

廣結善緣——伶牙俐齒叱吒交際戰場

第八堂

管住嘴巴——說話三思避開語言禁區

第1堂課

說得漂亮

一張好嘴提升職場人緣

磨「嘴」不誤砍柴工
會說話要先提高表達能力

美國成功學奠基人、最偉大的勵志導師奧里森．馬登博士曾在他的傳世名著《改變千萬人生的一堂課》中寫過這樣一段話：「不管心存什麼樣的雄心壯志，首先得掌握駕馭語言的能力，有讓人羨慕的好口才。你也許不能成為律師、醫生或商界精英，但你每天都要說話，也就必然要運用語言的獨特力量。」也就是說，我們要想口吐蓮花，瀟灑自如地掌控說話的力量，一個關鍵因素就是提高自己的語言表達能力。

一般來說，一個人的語言表達能力主要表現在說話的準確性、邏輯性和耐聽性。說話的準確性是指說話時咬字清晰、用詞恰當，將資訊完整、準確地傳達給他人；邏輯性是指說話時排好語序，分清主次，讓聽者能夠明白說話者要表達的中心思想；耐聽性是指說話時能抓住聽者的心，不要枯燥無味、廢話連篇，讓對方昏昏欲睡。

提高語言表達能力是做為一名員工提高自身職業素養、開發口才潛力的主要途徑之一。

那麼，如何做才可以讓這種能力如芝麻開花節節高呢？我們可以參照下面的「八多」方法：

1. 多累積：辭彙量的豐富讓你的表達能力更出眾。

如果一個人的辭彙量少得可憐，他的思想就會很貧乏，很難口才出眾、談吐優雅。奧里森．馬登曾指出，在培養語言表達能力時，一個重要的途徑就是：花費一些時間和精力研究修辭，留心相同意思的不同表達，使自己的用詞更豐富、談吐更優雅。同時，還要養成隨時查閱工具書的習慣，透過平時一點一滴的累積，來增加自己的辭彙量。

2. 多閱讀：常看書讓你的談吐有內涵。

好口才不是說話滔滔不絕，而是要說出有內涵、有深度的話語。一些能言善道的「巧嘴媳婦」，儘管可以進得「廚房」，與四鄰大談特談家長裡短，卻登不了「廳堂」，說話高手的幾句智語就會讓其啞口無言。

練就金口才，首先要豐富自己的頭腦，閱讀就是一條捷徑。俗話說，看遍萬卷書，出口可成章，正是這個道理。我們可以閱讀一些如演講學、談判學、邏輯學、論辯學、社會學、心理學等，以此提高自己的表達能力。

3. 多背誦：記憶細胞會改善你的表述風格。

背誦可以啟動我們的記憶細胞，強化記憶能力，還能幫助我們養成良好的語感。在工作之餘，你可以嘗試背一些唐詩宋詞、名人名言、東西方諺語等，這些短小精悍的文字內涵豐富、用詞唯美。如果看得多了，背得熟了，不僅可以讓我們的語言由生硬變得生動，表述方式由單一變得多元，而且我們的心靈會受到滋養和薰陶，性格裡也會多一些感性。

4. 多思考：「想」會讓你的表達更有條理性。

一個人的思考能力也是影響語言表達能力的一個重要因素。很多時候，我們不是不會說，而是不會思考，思考不明白也就表達不清楚。因此，在表達一種想法、介紹一個計畫之前，最好先仔細地思考提出這個想法的原因，想想這個計畫的可行性和難易程度等。有了比較系統化的思考，你的思維能力和邏輯性會逐步登上一個臺階，語言表達能力也會更加條理化。

5. 多動筆：寫文章讓你的語言變得更精闢。

古人云：「訴之筆端，半折心始。」意思是，心裡有好多話想說，但真正寫到紙上的，也就只有一半。從提高語言表達能力的方面來講，多寫文章可以過濾我們心中繁冗的想法，留下精華。這樣一來，我們就能理清自己的思路，將心中所想清晰地用語言表達出來。

6. 多交友：跨界交談豐盈你的語言話題庫。

不要只侷限於自己的工作圈，學會跨界，認識不同的人，進行廣泛的思想交流。這樣做一方面有利於保持思維的活躍性，另一方面可以讓自己與別人交談時，有更多的話題。

7. 多活動：多彩的文娛活動有助於提高你的表達能力。

一個員工要想提高自己的語言表達能力，只停留於書本知識是遠遠不夠的，要將理論付諸實踐，積極參加一些與口才相關的活動。比如演講比賽、辯論會、茶會、街頭宣傳、資訊諮詢等活動，這會加快你成為說話高手的腳步。

8.多說話：「自言自語」讓你的表達很精彩。

如果你的工作較忙，沒有時間參加一些活動，可以用「自言自語」來提高自己的表達能力。比如，看過一本書後，盡可能地用自己的話將其主要內容、主題概括出來，然後對著鏡子將它們大聲講出來，這也有助於提高自己的語言表達能力。

一言千鈞

提高語言表達能力是一項長期工作，除了掌握技巧和方法外，還需要我們具有毅力，能夠持之以恆地練習，大膽實踐，即時總結優缺點。做到這些，方能取到金口才的真經。

心中有自信，說話顯魅力

口才就是說話的才能，人自出生以來，就開始學說話。但是，會說話未必就能把話說得好聽、說得動人、說得犀利、說得深入人心。

職場中人大都希望自己能夠擁有一張能言善道的巧嘴，但在日常交談中，一些人總是說話詞不達意，不能很好地發揮自己的說話才能；還有一些人的說話能力並不差，他們與朋友、同事閒聊時，總是口若懸河、滔滔不絕，然而一到關鍵時刻，例如在會議上發言、與客戶談業務，就無法發揮好自己的口才，很難吸引聽眾的注意力，無法讓客戶簽下訂單。之所以會出現這樣的狀況，其根本原因就是他們缺乏自信心。

說話時表達不流暢，吞吞吐吐，心理緊張，大都是因為缺乏自信心造成的。一個人對自己沒有自信，自卑膽怯，就會導致心理緊張，而心理緊張又會造成語言表達上的障礙。所以，從某種意義上講，建立自信心是職場中人練就金口才的必經之路。

那麼，職場中人如何做，才能擁有自信，練就一張能言善道的好嘴呢？一般來說，可以從以下幾方面去做：

1. 臉上常帶微笑。

「微笑是疲倦者的休息，沮喪者的白天，悲傷者的陽光，大自然的最佳營養。」微笑是消除自卑感、建立信心的良藥，如果你真誠、友善地向一個人露出微笑，他就會對你產生好感，這種好感會讓你充滿自信。

微笑在社交中的作用更是舉足輕重，不僅能調節自己的恐懼情緒，而且可以消除別人的戒備心理，讓交談在融洽的氛圍中進行。

卡內基(Carnegie)曾在演講中說過這樣一件事情：他在紐約參加一個宴會，一個獲得遺產的婦女急於給人一個好印象，花了許多錢買了黑貂皮大衣、鑽石、珍珠。但是，她在宴會中受到了冷落。原因就在於她的表情冷漠，臉上沒有一絲笑容。

密西根大學的心理學家麥克・奈爾教授說過：「有笑容的人在哲理、教導、推銷上較會有功效，更可以培養快樂的下一代，笑容比皺眉更能傳達你的心意，也就是在教學上要鼓勵代替處罰的原因所在了。」如果一個人不擅長微笑，可以每天花幾分鐘時間，對著鏡子練習微笑：放鬆臉部肌肉，嘴唇呈扁形，嘴角微微翹起；眼神要柔和，不要皺眉。每天練習三到五次，長期堅持，就會練出一張甜美的笑臉。

2.多與別人交流。

在工作會議中，很多缺乏自信心的員工會認為：「我的建議如果說出來，別人可能會覺得很幼稚，會嘲笑我，沉默是金，我還是什麼也別說。」他們也常常會給自己開一張「空頭支票」：「等下一次會議的時候我再發言，這一次就這樣吧！」到了下一次會議，他們依舊是難開金口，在沉默中等待會議的結束。其實，他們每次的閉嘴不言，都是給自己注射了一劑自卑的毒素，他們的自信心會日漸減少，直至消失。

其實，信心不足、不善表達的員工如果經常發言，多和別人交流，就會在無形中增加自己的信心。例如參加工作會議，或在平時的辦公室閒聊中，這樣的員工要主動發表自己的看法，主動的和別人交流心得體會。在職場中，有許多原本性格內向、自卑感強的人，都是透過經常與別人交流、當眾講話而建立起自信的。

3.說話大聲一點。

在工作中，我們少不了要和上司交流。不管觀點正確與否，有些員工會落落大方、聲音洪亮地表達自己的想法；有些員工卻畏首畏尾，聲音像蚊子一樣小。時間一長，上司可能就不會主動去要求聲音小的員工來發表觀點。因為上司的「忽視」，這類員工大多會自信心受挫，不會再主動發表觀點。而且，因為聲音小，此類員工可能會喪失很多拓展職業空間的機會。

日本著名教育家多湖輝曾講述過這樣一件事：一次，他的一位朋友給他打電話，說：「我們公司現在急需一名職員，你那裡有沒有合適的人選？」恰好，他的一位學生剛剛畢業，也符合條件，多湖輝便讓這個學生去面試。

那天晚上，朋友的電話就過來了。多湖輝滿以為朋友是要告訴他錄取了那個學生的好消息。誰知朋友竟說：「你的那位學生看起來能力不錯，人品也可以，但我覺得他過於自卑和憂鬱，感覺不好，所以決定不用他。」一聽此話，多湖輝馬上意識到這個學生是有這樣一個缺點——平常說話細聲細氣，彷彿是喃喃自語。

他對朋友說：「你再給他一次面試的機會吧！他其實是個很優秀的學生。」朋友拗不過他，答應了。他找來那個學生，告訴他說話一定要大聲點。結果，這次朋友的反應不一樣了：「我覺得他並不那麼差勁，也許第一次面試時，他太緊張了。」最後，這個學生被錄取了。

大聲說話可以幫助我們戰勝內心的恐懼感，讓我們渾身上下充滿了自信。但要注意的是，大聲說話也要分場合，比如在安靜的辦公室，聲音過大就會影響別人辦公。

4.勇於和陌生人說話。

我們從小就會受到父母的告誡：不要和陌生人說話，陌生人給的東西要拒絕。因此，長大成人後，大多數人面對陌生人的反應都是防禦。的確，有些心術不正的陌生人會利用人們的一些心理弱點幹壞事，也不乏遭受其害的案例。但是，從積極的角度來看，和陌生人說話並非一無是處，一個最大的好處就是：和陌生人交談可以增強一個人的自信心。

心理學實驗說明，人類很多特性的分佈都有一個規律：特別好和特別差的人各只佔2%左右，中間水準的佔95%，也就是說絕大多數人的人品都是好的。所以，和陌生人交談，碰到壞人的機率比較小。和陌生人交談交談，可以讓我們得到一些新的訊息，改變我們對社會、生活、工作的一些消極看法，讓我們感受到生活的美好，這些良性的結果對增強一個人的信心有很大幫助。

一言千鈞

練就金口才不僅要學習各種語言表達技能，而且要增強自己的自信心。如果一味地追求技能，心中卻長存自卑感，就會功虧一簣。「自信是口才的驅動力」，心中有自信的人，說話更有自信、更有權威、更有影響力。

有一種職場金口才叫「幽默」

幾乎每個人都喜歡與幽默的人交談，並希望自己也成為一個幽默的人。據說，在歐美國家，女子選擇情人，很看重男方是否有幽默感；公司雇傭職員，也要看他們是否具有幽默感。有一家公司的總裁曾說過：「我專門雇傭那些善於製造快樂氣氛，並能自我解嘲的人。這樣的人能把自己推銷給大家，讓人們接受他本人，同時也接受他的觀點、方法和產品。」

那麼，什麼是幽默呢？《辭海》上的解釋是這樣的：「透過影射、諷喻、雙關等修辭手法，在善意的微笑中，揭露生活中的訛謬和不通情理之處。」

從工作的角度來看幽默，它有助於我們與他人建立良好的人際關係，形成和諧的工作氛圍，從而促進事業的發展。美國卡內基大學的研究人員曾就「事業成功的因素」對上萬人進行調查，其結果是，在影響個人事業成功的因素中，技術和智慧所佔比率為15％，良好的人際關係則佔比率的85％。這也說明了幽默的口才有益於一個人的事業成功。

現代的職場環境瞬息萬變，競爭越發的激烈，以致很多辦公室中都充滿了怨氣、殺氣。

越來越多的員工會感到壓力很大，心情趨於焦慮，嚴重者還會患得心理疾病。而幽默是一劑有效的解壓藥，它不僅能使我們舒展眉頭、心情變得輕鬆愉快，而且有助於提高我們的交際能力，使其在工作中談笑風生、左右逢源。

另外，職場中，我們會不可避免地與他人發生一些不必要的尷尬，面對這樣的情況，如果一個人能鎮定地和對方開個玩笑，幽他一默，尷尬的氣氛就會一掃而空，彼此間的緊張關係也能得到緩和。而且，對方也會被他的幽默口才折服，被他的語言魅力吸引，對其卸下心靈防線。

卡普爾是二十世紀八〇年代和九〇年代最具影響力的電腦人物，和駭客界最具影響力的人物之一，他與比爾．蓋茲是美國軟體業的「雙子星」。與他的事業一起廣為人知的，就是他的幽默口才。

有一次，他主持股東會議，與會者情緒非常激昂，會議中的緊張氣氛隨著大家對卡普爾的質問、批評和抱怨而升高。其中，一個女股東不斷質問部門在慈善事業方面的捐贈數量，她認為應該多些。

「部門在去年一年中，用於慈善方面有多少錢？」她帶著挑戰性問道。當卡普爾說出有幾百萬元時，她說：「我想我快要暈倒了。」

卡普爾面不改色地說：「真那樣倒是好些。」於是，隨著會場中大多數股東的笑聲——包括那個憤怒的女股東，緊張的氣氛輕鬆了下來。

卡普爾用幽默的語言化解了女股東的怒氣，將自己從尷尬的境地中解救出來，舒緩了緊張的氛圍，讓大家在輕鬆的環境中探討解決問題的方案。

在職場中，善於用幽默說話的員工，大都能將幽默運用得自然而不做作。當他們說一些玩笑話時，不會讓別人感到他們是在故意賣弄或譁眾取寵，而只是感到開心、愉悅，這樣的員工無論走到哪裡，都會有很好的人緣。那麼，應該如何培養幽默感，讓自己的語言帶給別人快樂呢？

1. 擴充知識。

幽默是用語言表現智慧的一種方式，因此，它的基礎就是豐厚的知識。一個人只有敏捷靈活的思維，豐富的文化知識，才能用巧妙的修辭開出恰當的玩笑，妙語連珠、語出驚人。因此，一個人要想培養幽默感，就必須充實自己的知識寶庫，不斷從書籍中收集幽默橋段，從名人身上學習詼諧智慧。

2.設置懸念。

懸念就好像相聲、小品文裡的「包袱」，用一波三折的情節，激發他人的好奇心，讓人迫不及待地想知道結果，最後再「抖包袱」，達到畫龍點睛的目的，讓人感覺到強烈的幽默效果。

設置懸念要巧妙，做好鋪墊，然後以獨特的語氣講述跌宕起伏的故事情節，環環引人入勝，最後一語道破機關。要想設置好懸念，自己首先要有耐心。假如你迫不及待地把「包袱」抖了出來，或是透過臉部表情與手勢動作的變化顯示出結果，幽默就會消失得無影無蹤，只能讓聽眾的滿心期望變成失望。

3.說點傻話。

說傻話，也就是裝傻充愣，這樣的說話方式往往會出奇制勝，產生特別的幽默感。比如，在馬克．吐溫的《競選州長》中，主角說了這樣一句話：「至於香蕉園，我簡直就不知道它和一隻袋鼠有什麼區別！」這種略帶誇張的傻話，讓聽眾覺得很有意思。

說傻話和自嘲有些相似，在遇到不想開口卻不得不說的情況時，這樣的說話方式不僅可以給自己圓場，避免沒有臺階下，而且還給別人帶來快樂，拉近彼此間的心理距離。

一言千鈞

幽默詼諧的話語可以提升一個人的職場魅力，但是，說幽默的語言，一定要分對象、場合和實際情況，靈活運用。如果一個人為了展現自己的風趣幽默而無所顧忌地開玩笑、調侃，不但收不到理想的談話效果，相反，還可能製造麻煩，引發不必要的矛盾。

南風效應：溫和的措辭更易讓人接受

南風效應，也叫「溫暖效應」，它來源於法國作家拉・封丹寫的一則寓言：北風和南風比賽威力，看誰能把行人身上的大衣脫掉。北風首先發威，來了一個呼嘯凜冽、寒冷刺骨，結果行人為了抵禦北風的侵襲，把大衣裹得緊緊的。接著南風徐徐吹動，行人頓覺風和日麗，春暖上身，開始解開鈕釦，繼而脫掉大衣，南風最後獲得了勝利。

在我們的觀念中，北風似乎威力更大，為什麼卻輸了？原因在於南風採用了「溫和」的軟手段，而北風則採取了「冷漠」的硬手段，使人們產生了抵觸心理。

「一句話把人說笑，一句話把人說跳」。能把人說「笑」的話語，通常是溫和的軟語。溫和的軟語通常表現為：「說話語氣親切、語調柔和、語言含蓄、措辭委婉、說理自然。」這樣的說話方式，可以讓對方感到親切、心情愉悅，對事業的發展也有一定作用。

林玉琳在一家外貿公司上班，平時工作非常努力，對人也熱情。然而，她給大家留下深刻印象的卻不是工作勤奮、樂於助人，而是她的大嗓門，同事們私底下都叫她「大嘴巴」。

總經理找她談過話，讓她把音量放小一點，說話溫和一點。她也試著改正，學做一個說話細聲細語、軟綿入耳的淑女。但她只堅持了幾天，就被一通電話「打回原形」了。

那天，她的一個同學來電。一開始，她也用那種細聲細語的方式在電話裡跟同學聊天，但說到一些高興的事，她的情緒開始激動，聲調上升、音量增大，又恢復了以前「大嘴巴」似的說話方式，周圍的同事將目光盯向了她，總經理也恰巧經過辦公室，無奈地對她搖了搖頭。

在後來的幾次考核評估和調薪中，林玉琳儘管工作勤懇，但結果總是不如人所願。林玉琳的部門主管曾多次努力幫助她爭取升職，但始終被總經理駁回，理由非常簡單：林玉琳缺乏應有的專業素養，尤其是在語言表達上。沒過多久，林玉琳辭職了。

要想提升職場人氣，受到大家歡迎，就要改變自己的語言表達方式，用「軟軟」的溫和措辭與大家交談，因為沒有人會將春風化雨般的語言拒之門外的。比如說，工作中，如果我們遇到讓人非常惱火的情況時，採取強硬的語言攻勢就會讓情況越來越糟。相反，如果用柔言應對，就會熄滅怒火，換來和氣。

黃鶯鶯是一家房地產公司的銷售小姐，她人如其名，說話也像黃鶯一樣動聽。一天，公司來了一位十分挑剔的客戶，黃鶯鶯給他介紹了好幾間房子，可是他總是雞蛋裡挑骨頭。

那天是週日，看房子的客戶特別多，黃鶯鶯就讓他自己再看看，她先去招呼別的客戶。

這位客戶以為黃鶯鶯不願意搭理他了，便把臉一拉，大聲地說道：「妳這個銷售小姐是什麼態度，我是第一個到這裡來的顧客，為什麼扔下我不管？是不是就因為我沒有買房，妳就不願意為我服務了？妳還真是勢利眼！」大廳的顧客全都將目光聚集在黃鶯鶯身上，等著看一場「戰爭」的爆發。

黃鶯鶯深吸了一口氣，穩定了一下情緒，用溫和的聲音說道：「不好意思，先生，今天是週日，客戶太多了，我們的人手不夠，我才會急著去招呼別的顧客。我對您的服務不周到，態度也不是很好，是我沒有盡到工作職責，我跟您道歉，希望您大人有大量，不要和我一般見識。」

黃鶯鶯這幾句真誠、溫和的話一出口，那位客戶的臉一下子紅了，他不好意思地說道：「也不全是妳的錯，我也有不對的地方，希望妳見諒。」

一場一觸即發的「戰爭」被黃鶯鶯用幾句溫和的話語平息了，周圍的顧客紛紛向她投去讚賞的目光。

「有理不在聲高」，言語並非說得大聲尖銳、硬氣十足才有份量。像故事中黃鶯鶯這種以「繞指柔化百煉鋼」的說話方式，措辭溫和、語氣誠懇，這本身就產生了一種感化力。縱使顧客有再大的火氣，遇上黃鶯鶯溫文而婉約的和氣，就失掉發洩的慾望，自然熄火。

另外，根據專業人士研究，「由於語音學中音素、音位的原理和人們說話時用聲用氣的心理狀態及規律的不同，溫和的話語宛如柔和的月光和涓涓的細流，由人的心底流出，輕鬆自然、和藹親切、不緊不慢，能給聽者舒適、安逸、細膩、親密、友好、溫馨的感覺」。而且，溫和的措辭可以顯示一個人的內涵和修養，讓人身上具有一種感性美。因為溫和地說話使用的是委婉的措辭，柔和的音素，它讓男人少了一份硬氣，讓女人多了一絲柔美，使人具有一種獨特的味道。

一言千鈞

在職場中，溫和措辭未必處處行得通，說話強硬歷練並非是壞事，關鍵是說話一定要分清場合，該如雷貫耳時就不能太溫柔，該溫和軟語也絕對不能太硬氣。

學會適時說「低」話 巧妙滿足對方的心理需求

上學時，我們可能都有過這樣的體會：當學弟學妹滿臉真誠地向我們討教問題，用敬佩的口氣向我們請教學習經驗，這時，無論心情多麼糟糕，功課多麼繁重，我們的內心都會充滿驕傲，會仔細地回答他們提出的每個問題，並從他們欽佩的眼光中得到一種心理滿足感。如果我們認真地解析這樣的經歷，就可以發現，我們的內心深處都存在著或強或弱的虛榮心。別人低姿態地與我們說話或討教問題時，虛榮心就會油然而生，有時我們並不能清醒地意識到這種虛榮感，但它卻主導著我們的內心世界，甚至是我們的行為。

這就是說「低」話的力量，在職場中運用這種說話方式也同樣有用。

工作中，與同事、上司說話時，姿態可以適當放低一些，這種姿態不僅僅是語言表達的一種方式，而且有更深層次的意義。偶爾說一說「我不明白您的意思」、「我沒有弄清您的具體要求」、「您的表達太高深，我有些不明白，您能說得簡單一點嗎」之類的「低」話，會使對方覺得你為人謙虛、容易親近。

多說「低」話，並不是讓我們極力地掩飾自己的才華，對所有事情都低調，保持沉默，而是要我們不妄加評論別人的建議，不將自己的想法強加給他人。若一個人總是不考慮他人的感受，而執拗地堅持自己的意見，他的人際關係將會因此受到破壞，更為嚴重的，會令他失去一些工作上的合作夥伴和事業的發展機會。而放下身段，說一些「低」話，不僅能替我們消除許多不必要的矛盾，讓辦公氛圍融洽，而且也會給別人留下一個謙虛、有內涵的印象，讓人更願意親近我們，與我們成為親密的朋友。

余士明在一家公司上班，論資歷，他只有兩年的年資，算是公司的新員工，坐在他對面的同事是一個有十五年年資的老員工——黃靖強。黃靖強仗著自己是「老資格」，做事總是倚老賣老，經常指揮余士明做這做那，還不時地說些尖酸刻薄的話。部門的主管是個中年女性，對黃靖強這樣的老員工也沒有辦法，反而總是勸導余士明以大局為重。但是，余士明正是年少氣盛的年紀，與黃靖強保守的做事方法難免產生衝突，兩個人總是爭吵不斷。

在一次同鄉聚會上，余士明將自己的煩惱向一位朋友傾吐。朋友是一家公司的人力資源主管，他對余士明說：「新員工和老員工做事方式不一樣，這是很正常的，比如老員工喜歡墨守成規，如果你不這麼做，他就會認為你壞了規矩或者是年少輕狂。」余士明連連點頭。

朋友接著說道：「你要想填平和黃靖強的代溝，就要學會說『低』話。」余士明疑惑地看著朋友。朋友繼續支招：「你要向他『拜師』，多用誠懇、謙虛的態度向他請教一些工作方法和經驗，這樣一方面可以化解你們之間的矛盾，另一方面可以增加你的職場閱歷和工作經驗。」

聽了朋友的建議，余士明決定試一試。

第二天上班，余士明坐在座位上認真觀察黃靖強的做事方法和說話方式，趁他喝茶之際，余士明拿著一個企劃案去請教他。黃靖強見狀，有些驚訝，但他看余士明說話的語氣很誠懇，就指點了他一下，余士明面帶笑容地向他致謝。在以後的日子中，余士明繼續低姿態地與黃靖強交流，即使兩個人對工作有不同意見，余士明也會委婉地說出自己的意見。

一個月後，兩個人變得就像多年的朋友一樣，關係親密許多。

說「低」話並不是讓人唯唯諾諾、卑躬屈膝，該維護尊嚴的時候，也要理直氣壯、絕不能含糊。

春秋時代的晏子，身材矮小，他待人謙和有禮，更加顯得卑微。有一次，他奉命出使楚國，楚國只開小門迎接，晏子不肯進入，他說：「臣聞出使大國當走大門，出使狗國才走小門；今大楚是大國也，我怎麼能走狗門呢？」楚國只得開大門迎接他。

說「低」話也不是低聲下氣、奉承諂媚地說話，這是一種說話的藝術，特別是當交談雙方職位懸殊時，職位高的人用「低」語說話，會滿足職位低者的心理需求，保護其自尊心，這樣的講話方式也會讓對方有如沐春風的感覺。

王民新進公司一個月以後，才知道經常與自己同坐一班電梯的劉杰勇是公司的銷售總監。剛剛知道這件事情的時候，王民新嚇了一跳。因為每次遇見，都是劉杰勇先打招呼，王民新仔細觀察他，和普通員工沒什麼兩樣。幾天前，王民新去見一個客戶，看見他和一個人在街邊聊天，王民新還把他當成了業務員，大聲招呼他一起回公司。劉杰勇一愣，隨即說道：「好，坐我的車回去吧！」王民新看到停在一旁的豪華轎車，目瞪口呆，才知道他是銷售總監。

其實，也並非是王民新的眼力不好，很多員工初進公司時，都鬧過這樣的笑話。因為劉杰勇完全沒有總監的架子，說話也不頤指氣使。他總是面帶微笑、平易近人，見了誰都是那麼熱情，員工都很喜歡和他聊天。沒事的時候，他還會和公司的清潔人員、警衛閒談。劉杰勇「高姿態做人，低姿態說話」的處事哲學，讓他成為了公司的「萬人迷」，每年公司評「最有人氣的員工」，他都榜上有名，讓大家羨慕不已。

說「低」話，是在職場中自我保護的一種好方法。一個員工的價值表現在會做多少事、能做成多少事上，該張揚個性的時候高調一點，不該張揚時就算讓自己隱形一下也沒有什麼壞處。職場強人強在做正事、大事上，而不在於說話姿態高。

一言千鈞

說「低」話是一種自謙的處事方式，是對他人的一種尊敬，是向對方示好的一種表現，也是有內涵的文化修養。但說「低」話的功夫不是一時練成的，必須經過時間的歷練，養成這種說話習慣。有了說「低」話的功力，我們在工作中就會得到不少方便。

「見人說人話，見鬼說鬼話」做個語言「雙面人」

在傳統觀念中，那種「見人說人話，見鬼說鬼話」的人是被列入小人隊伍的，大多數人會對他們見風轉舵的說話方式嗤之以鼻、不屑一顧。但隨著人們思想的轉變，越來越多的人似乎對這種「小人」的說話方式有了一些認同。

做個「見人說人話，見鬼說鬼話」的語言「雙面人」，並非是要我們油嘴滑舌，而是要在為人處世中保持一定的彈性，對不同類型的上司、同事、客戶採取不同的說話策略，平衡人際關係，以便更好、更順利地開展工作。

楊正剛是一家食品公司的業務經理，他和客戶的關係如同朋友一樣，業績也一直處於上升階段。他與客戶相處有一個獨特的方法：如果遇到像「人」的客戶，他就用「人」的方式與其說話；如果遇到似「鬼」的客戶，就用「鬼」的方式與其過招。

週一早上，楊正剛要去拜訪兩位客戶。見到第一位像「人」的客戶周總，他面帶笑容地說：「周總，早上好。」

「好久不見了，你最近怎麼樣？工作還順利吧？」

「我還不錯，公司正在調整產業結構，準備推出一些新的優惠政策。」

周總聽到這裡，一下來了興趣，忙問道：「什麼政策？對我們大客戶優惠的多嗎？」

楊正剛不緊不慢地說：「當然，您這麼支持我的工作，我有好消息當然得馬上告訴您。我今天來就是跟您說這件事情的，您現在方便嗎？」

「當然，你跟我好好講講。」

……

告別周總後，楊正剛去見了第二位似「鬼」的客戶杜總。楊正剛嬉皮笑臉地說：「杜大老闆最近在哪發財呢？是不是忘了我了，連個電話都不給我打。」

杜總也笑道：「你這臭小子還說風涼話，我忙著賺錢也是為了支持你的業務啊，我去年賺那點錢不全投到你們公司了嗎？你吃香的喝辣的，也不知道關心一下我這個窮鬼的死活。」

楊正剛嘿嘿一笑，正色道：「不跟你開玩笑了，我有正事和你說。」

「有話快說，別浪費我的時間。」

「我們公司最近新推出一個優惠政策，具體是這樣的……」

兩種不同的說話方式，不僅讓兩個客戶的心情愉快，而且讓楊正剛又輕鬆地拿到了兩筆訂單。

一個人要想成為成功的語言「雙面人」，需要有靈活的思維，掌握一定的說話技巧。除此之外，還有一個捷徑，就是發現別人的興趣與愛好。身在職場，如果一個人不瞭解他人的興趣與愛好，只沉浸在自己的小世界中，就會讓人覺得他個性孤僻，不合群。上司、同事會對他投去異樣的眼光，情況嚴重一些的，會影響到升職加薪等切身利益。所以，職場中人要細心一點，即時發現上司、同事的興趣與愛好，找到彼此的興趣交匯點，和他們建立一座興趣的「彩虹橋」，這就很容易說出中他們心意的話語，交流就會暢通無阻。

如果找不到自己和上司、同事一樣的興趣與愛好，也不用著急，可以慢慢培養。我們現在的興趣與愛好都是以前一點點培養起來的，為了能盡快融入公司這個大集體，為了人際關係更和諧，我們不妨根據上司、同事的喜好，培養新的興趣與愛好。其實，人的本性是相近的。所以，培養與別人相似的興趣，並將其轉化成自己的興趣與愛好並不是一件難事。

「見人說人話，見鬼說鬼話」雖然是一種靈活的說話方式，可以讓人在職場中如魚得水。

但是，做語言「雙面人」要收放自如，不能將兩種話混淆，說出「人不人鬼不鬼」的胡話，或過度沉迷於一種說話方式中，讓其成為一種說話習慣。那麼，一個合格的語言「雙面人」應該是什麼樣的呢？

其實，對於這個問題，清朝著名學者紀曉嵐做過很好的解釋。他認為，做人要「處事圓滑、內心中正、不同流合污而為人謙和」。意思就是說，處理具體事情的時候，要掌握適當的分寸，不同的情況要採取不同的處理方式，但是，內心一定要有正氣，不做出格的事情。

職場中，如果對方是個紳士，你就要用紳士的方式與他交流；如果對方是個「流氓」，你的言語也不必太客氣。這樣靈活自如地轉換「人」話與「鬼」話，才能讓溝通順利進行，從而馳騁職場。

一言千鈞

有關專家曾將職場中人分成四類形態：內方外方，內方外圓，內圓外圓，內圓外方。正所謂「到什麼山頭唱什麼歌」，周旋於不同形態的人之間，我們的說話方法也要相應地變化，才能遊刃有餘地行走在職場中。

改掉不良的說話習慣　塑造完美職場形象

很多職場中人口才很好，總能口出妙語，但受歡迎指數卻不高，甚至當他們一開口，上司和同事就皺眉頭，希望他們早點閉嘴。

為什麼口才達人反而受了冷落？主要原因就是他們的說話習慣不好，這就直接影響了說話的品質，同時，也降低了他們的職業形象。所以我們要即時發現並修正不良的說話習慣，以塑造完美的職場形象。

一般來說，不良的說話習慣有以下幾種：

1. 頻繁使用口頭禪。

職場中，我們經常會聽見有人這樣說話：「嗯，這件事情是這樣的。」「啊，我覺得她還是適合那個髮型。」「你知道嗎？不吃飯並不一定減肥。」「那個，我想說的不是這件事。」這些話語中的「嗯」、「啊」、「你知道嗎」、「那個」都是說話者的口頭禪。

著名演說家奧利弗霍姆斯說：「切勿在談話中散佈那些可怕的『嗯』音。」如果一個人在與別人交流時，頻繁使用口頭禪，就會有損他的說話形象。要想知道自己是否有這樣的不良習慣，你可以將在和同事聊天時，或給別人打電話時，錄一段對話，聽聽自己是否有這個毛病。如果有這個問題，那麼，在與別人聊天時，就要下意識地提醒自己少用口頭禪，時間一長，這個習慣就會被矯正過來。

2.打斷別人談話。

培根曾說：「打斷別人，亂插嘴的人，甚至比發言者更令人討厭。」打斷別人說話是一種不良的說話習慣，也是一種很沒禮貌的行為，會嚴重影響人際關係。

一天，張興亮正在與財務部的黃雯娟聊天，黃雯娟正講得津津有味的時候，周心怡推門而入，滿臉興奮地說：「我跟你們說，我剛才站在陽臺上喝茶時，看見街上有一個胖子，你們都想像不到他有多胖……」張興亮示意她先停一停，讓黃雯娟把話說完。但是，周心怡全然沒有注意張興亮的暗示，反而越說越起勁。黃雯娟見自己的話題被打亂，就對張興亮說：「你聽周心怡慢慢講吧！我還有工作要做，我們改天再聊。」說完，黃雯娟滿臉慍色地走了。

當同事講話時，我們要做的就是傾聽和不時地附和幾句，即便有意見要發表，也要等對方講完話，切不可隨便插話。

3. 說話過於簡潔。

有的人說話過於簡潔，比如，有人問他：「你覺得這個方案怎麼樣？」「這個同事的業績怎麼樣？」「那個部門的經理為人如何？」他都會用「好」或「不好」做簡潔的回答。其實，提問者很想知道具體內容，好在哪裡？不好的原因是什麼？比如，這個方案好，是因為創意獨特，還是執行性比較強？只說一個「好」字，會給人雲山霧罩的感覺。

還有一類人，他們喜歡省略很多形容詞，只用「那個」二字代替。比如：「張志成的性格有點那個。」「他的演講太那個了吧！」「黃總新請的秘書看著太那個了。」這種說話方式會讓聽眾覺得說話者講得模糊空泛，沒有中心主旨，他們會聽得很吃力。所以，說話不要過度簡潔，要以讓聽者明白話中意思為前提，決定說話的詳略。

4. 說話太自我。

龔小姐曾做過一段職場「檢討」：「以前，我講話時總是以自我為中心，只顧自己講得開心，卻不管聽著的人反應如何。自己如何痛快就如何講，從不管別人聽後會做何感想。有時候，我心裡還很得意，覺得自己的口才了得，大家都要聽我講。其實，這種以自我為中心的做法對我沒有一點好處，同事們漸漸遠離我，不愛聽我講話……」

龔小姐的不良說話習慣就是太自我，講話時從不考慮別人的感受，只知道「我心如火」，卻不知「他心如冰」，導致自己與同事的關係越來越遠。要修正這個壞習慣，我們就要學會感同身受，並且在講話的過程中，多觀察聽者的臉部表情和行為舉止，隨時改變說話方式和內容。

5. 不注意說話距離。

俗話說：「距離產生美。」但有的人與同事聊天時，喜歡將距離拉得很近，甚至是零距離接觸，以表示彼此的關係親密。其實，這也是不良說話習慣的一種。

一位心理學家做過這樣一個實驗：在一個剛剛開門的閱覽室中，當裡面只有一位讀者時，心理學家坐在他旁邊，試驗進行了一天，心理學家共在八十個人身邊坐過。結果是沒有一個人能夠忍受一個陌生人（心理學家）緊挨著自己坐下，他們中的大多數人會離開，選擇別的空位坐下，有的人則會反應很大地問心理學家：「你想幹什麼？」

心理學家最終得出結論：「這個實驗說明了人與人之間需要保持一定的空間距離。任何一個人，都需要在自己的周圍有一個自己把握的自我空間，它就像一個無形的『氣泡』一樣，為自己『佔據』了一定的『領域』。而當這個自我空間被人觸犯就會感到不舒服，不安全，甚至惱怒起來。」所以，與同事交流時，我們應該保持「安全距離」，即在談話時讓雙方都感到自在的合適距離。

一言千鈞

職場金口才並不是能言善道、善於言詞那麼簡單，它是由多種因素構成，說話習慣就是一個重要的組成因素。戒掉不良的說話習慣，不僅會增加說話的含金量，而且有利於提升職場人氣，改善人際關係。

第2堂課

贏得上司

一席巧言和諧上下關係

靈活談加錢，輕鬆拿高薪

職場中，很多人會遇到這樣的煩心事：在公司混跡多年，業務能力、努力程度、工作業績、加班次數都不比別人差，但是，眼看著別人的薪水呈一路飆升，而自己薪水條上的數字卻毫無變化。他們總是想和老闆談加錢的事情，但是話到嘴邊卻說不出，只好忍氣吞聲，做著和別人一樣的工作量，卻拿著比別人少一半的薪水。

當然，主動爭取也要講究「談判」方法。不能以為自己完全符合加薪條件，就可以不講究說話方式，氣勢洶洶地走進辦公室跟上司說：「你應該給我加薪！」這樣，非但達不到加薪的目的，反而可能被上司掃地出門。

魏軍豪是一家雜誌社的攝影編輯，他剛到雜誌社上班的時候，上司就對他說薪水不高。魏軍豪雖然嚮往高薪，但還是留下來，因為他覺得自己剛入這行，還需要學習和鍛鍊，這家雜誌社就是一個很好的選擇。他相信，當自己的能力提高的時候，薪水自然就會變高。

兩年過去了，魏軍豪的能力有了很大提高，但薪水卻沒漲多少。於是，他開始不時在上司面前提到這個問題，上司卻一直不接他的話，他有點急了。

那天，趁彙報工作之際，他對上司說：「最近物價飛漲，我們房東也要漲房租，唉，該漲的不漲，不該漲的卻漲了。」上司愣了一下，說道：「少發點牢騷，好好工作！又不是你一個人這樣，大家不都這樣！」

魏軍豪一聽這話，心中的火更大了：「怎麼可能都一樣？其他同事的薪水都比我高！至於你的薪水，雖然我不知道是多少，但肯定比我多好幾倍！」想到這裡，他將心中壓抑已久的怨氣全部宣洩出來：「不可能一樣！別把我當傻瓜，大家做的工作都是一樣的，憑什麼他們拿高薪，我的薪水只有那麼少？論工作經驗，我也在這裡工作兩年了，不比誰差！」

上司看了他半天，說道：「你可以去問問，有哪個員工來兩年的時候薪水比你高？哪個員工的薪水不是一點點升上去的？」

魏軍豪還是不服氣，說：「那他們都是幹了多長時間開始加薪的？」

上司有些不高興地問他：「你憑什麼知道？」

「因為我想知道自己加薪的確切時間，不想糊裡糊塗地幹活！就像一隻眼睛被矇上黑布的毛驢！」

上司憤怒地站起來，拍著桌子說道：「如果你在這裡上班就是為了多賺錢，我可以很負責地告訴你，這裡沒有高薪！只有你的工作成績和為公司創造的價值到了一定程度，我就會給你與之相等的薪水。但是到目前為止，你還沒有達到這個程度。一個沒有工作能力，沒有上進心，卻一味追求高薪的人，我想每個公司都不會歡迎他！我想我們這裡也不適合你，你可以去人事部辦理離職手續了！」

魏軍豪的心一下跌到谷底，垂頭喪氣地走出上司的辦公室。

談加薪是不能直來直去地說話，更不能帶有情緒，否則，就會像故事中的魏軍豪一樣，雞飛蛋打。在向上司開口提加錢之前，一定要先在心中打好腹稿，並在交談過程中隨機應變，讓上司心甘情願地給你加薪。

那麼，具體來說，如何靈活地實施加薪談判策略呢？

1. 與上司「單挑」。

與上司談加薪時，不要信奉「團結就是力量」的理念，因為上司很懂得利用人在利益追求上的私心。如果一個人召集幾個同事一起去和老闆談加薪，他往往會成為犧牲者，爭取不到利益。所以，要與上司「單挑」，兩個人的談判對你更有利。

2.挑好談加薪時機。

說得好不如說得巧，挑好談加薪的時機直接關係到談判的成功機率。比如，在公司剛剛談成一筆大生意，上司心情極好的時候去談，只要講出自己踏實的工作作風以及不錯的業績等，成功的機率就會非常大。

3.向上司亮出「硬指標」。

當我們向上司提加薪要求的時候，上司多半會提出這樣的問題：「你為公司創造了多少價值？」要想答好這個問題，我們就要用具體數字證明自己為公司做出的貢獻或創造的財富。比如，談成了哪些訂單？這些訂單給公司帶來的財富是多少？為公司節約了多少成本？生產力提升了多少？等等。

4.不要「逼」上司。

趙豔玉很幸運地找到了一份經理助理的工作，因為這份工作得之不易，所以她很努力地工作。經理很欣賞她的工作態度，經常在員工面前讚揚她，卻從沒有提過加薪的事情。

一個偶然的機會，趙豔玉得知和她同時進公司的王宜靜早就加薪了，但是王宜靜的工作能力比她差很多。趙豔玉心中憤憤不平，找到上司，要求加薪，否則自己立刻走人。

上司沒有答應她的要求，趙豔玉的心情變得很沮喪，雖然沒有辭職走人，但對工作也是心不在焉。半個月後，上司招了一個新的助理，讓趙豔玉將工作交接給新助理。趙豔玉看出了上司的意思，只得遞交了辭職信。

我們一定要知道：與老闆談的目的是加薪，而不是辭職。所以，不要威脅老闆：「不給我加薪，我就不幹了！」這樣，受傷的只能是我們自己。

一言千鈞

在現今的職場中，多勞多得是理所應當的，向上司提加薪也不是什麼難為情的事。但如果上司沒有答應你的加薪請求，也不要滿臉不高興，摔門而去。你可以誠懇地向上司請教加薪的條件，這樣，你就可以即時改進工作中的不足，這也是在為以後的加薪做個鋪墊。

拍馬不驚馬，含而不露地恭維上司

網路上曾流行過這樣一句話：「職場如秀場，天天有戲上演，而『溜鬚拍馬』就是最經典的保留劇目。」但一些職場中人對此不屑一顧，認為拍馬屁並非君子所為。

錢穎娟做行政副理已經半年多了。上個星期，行政經理辭職了，錢穎娟認為自己坐上行政經理這個位子是十拿九穩了。但是，行政總監卻在人事任命會議上，讓一個來公司四個多月的行政主管擔任經理的職位。

為什麼那個主管可以當上經理？

錢穎娟認為主要原因是那個主管是個和珅似的馬屁精，她是靠阿諛奉承升上去的。她不明白，為什麼在這種強調工作能力和業績的公司中，也要透過恭維上司才能升職？她覺得，一個人在上司面前露出諂媚的嘴臉，說奉承話，算不上本事。如果讓她用「拍馬屁」的方式得到期望中的職位，那是對她自尊心的一種傷害。而且，她也不想讓同事們在背後對自己議論紛紛。但是，看著別人的職位都在天天向上，她的心情也很沮喪。

其實，現代職場需要拍馬屁，它是人際交往中一種良好的交流方式。任何人都不會厭煩別人對自己的誇讚過多。職場中的拍馬屁，如果換一個角度去看，其實與哄女人開心的道理相似：女人穿了雙新鞋子，總希望別人說穿在她腳上漂亮；同樣道理，上司提出的意見和計畫，當然也期望得到下屬的一片讚嘆聲。很多企業老闆也承認，拍馬屁在一個企業的激勵機制中的角色相當重要。老闆雖然有責任去創造利潤以激發員工的鬥志，但來自員工的恭維更能讓他們得到一種心理滿足感，讓他們更有信心壯大企業。

拍馬屁固然可以增進員工和上司之間的感情，但也需要技巧，最重要的是真誠，讓上司在不知不覺中如沐春風。如果心不誠，就會不小心拍到馬蹄上，在上司那裡坐冷板凳。

拍上司的馬屁除了要以真誠為前提外，還要學會別出心裁地恭維。如果千篇一律地對上司說：「您的決策真英明！」「您太厲害了！」就會讓上司感到心煩，同樣會拍到馬腿上。要用一些特別的方式表達自己對上司的敬佩之情，才能有好的奉承效果。

藍惠珠是一家報社的編輯，收入頗豐，身材高挑纖瘦，是典型的職場「白骨精」（白領

+骨感+精英）。除了出色的文筆外，她的拍馬屁的功夫也是一流。

有一次，主編要親自為一個重要客戶寫一篇文章，當他的文章被拿出來在會上討論時，會場上一片沸騰：「主編真是輕易不出手，出手就驚人啊！」「主編的文筆果然不一般，我再學習十年，也趕不上您！」「我的文章和您的一比，簡直就是小學生寫的作文！」

當然，這其中本身就有主編的文采的確很好等客觀原因，但是更多的是那些還在報社底層掙扎的阿諛奉承者過於華麗的拍馬之詞。細心的藍惠珠看到主編在得意的同時，嘴角掛著一絲輕蔑的笑容。

藍惠珠想：「如果我現在還用那老掉牙的恭維話拍主編的馬屁，說不定還被他在心裡取笑。」她靈機一動，只是雙手托腮，用欽佩的眼光望著主編，嘴巴半張著，彷彿自己有許多真誠的、欽佩的話要說似的。後來的幾次會議中，當別人還是用老套的馬屁用語奉承主編時，藍惠珠還是用自己獨創的方法恭維主編。

果然，主編開始注意藍惠珠了。年終聚餐時，藍惠珠被安排和主編同個桌，微醉的主編拍著藍惠珠的肩膀，對她說，「藍惠珠，我知道報社裡只有妳是打心眼裡佩服我的，妳好好幹，副主編的位置還空著，我會向上面推薦妳的。」

藍惠珠在自己的職場日記中總結道：「拍馬屁也要有技巧：在上司高談闊論時，員工一定要有意無意地露出欽佩的樣子，不需要太多華麗的語言，用好自己的肢體語言，適時地說兩句恭維話，上司就會以為你很有誠意，會給你更多的發展機會。」

一言千鈞

拍馬屁的最高境界就是「此處無聲勝有聲」，這就要求我們研讀心理學，從上司的一個表情就能洞察其內心，知道其需要什麼。比如，上司喜歡的某作家要辦簽名會，就用盡方法得到簽名書，然後不經意地對上司說：「原來您喜歡這個作家啊，我朋友前段時間送我一本，我沒時間看，送給您吧！」不用華麗辭藻，又可達到恭維目的，效果甚好。

步步為營，引導上司接受你的意見

職場中，我們經常會遇到這樣的難題：與上司意見不一致，尤其是獨斷專行的上司，著實讓人頭痛。但有的時候，上司不接受員工的意見，並非錯在上司，而是員工的說話方式有問題，讓上司無法接受。

三月初，行銷經理剛剛召開完銷售任務佈置會議，盧依琳就帶著一臉怒氣衝進經理辦公室。她不滿地說道：「我覺得應該將我們部門的銷售任務降低四分之一，這個指標我們根本完成不了。你每天坐在辦公室裡，根本不知道我們一線銷售人員的難處。現在保健品市場競爭這麼激烈，新顧客很難開發，老客戶的購買能力又有限。你要求這個月的業績要比上個月增長百分之二十，這根本就不可能。」

「我給各市場部分配的任務量都差不多，為什麼就妳的部門完成不了呢？」經理問道。

「我們部門的員工不夠。我手下的六個銷售人員，周周剛畢業，沒什麼經驗；劉毅進是我從別的公司挖過來的，但也是剛來不久，對產品不太瞭解；于杰劍的銷售業績一直就不行；小佳最近身體不好，總是請假；李甫林和方華平的業績是不錯，可是李甫林的妻子就快生了，也總是請假。這種情況，你讓我怎麼完成任務？」盧依琳越說越覺得經理的分配不合理。

「這就是理由嗎？我覺得妳應該考慮的是怎麼帶新人，怎麼降低老員工請假時帶來的業績影響，而不是在這和我討價還價！」經理說。

「什麼問題都要我去解決，那你這個行銷經理是幹什麼的？難道為下屬解決問題不是你的責任嗎？」盧依琳生氣地嚷道。

「如果妳覺得我這個經理不合格，妳可以換個部門，或者乾脆換家公司！」

「哼！我現在就走人，在這根本沒辦法工作！」

「好，妳可以走了，記得把辭職信交給我的助理！」

盧依琳摔門而去。

在這場「戰爭」中，是誰錯了？相信大多數人都會選擇盧依琳。她犯錯的明顯因素就是：她沒有達到自己的目的——讓行銷經理接受她的意見，降低銷售量。而沒有達成目的的根本原因就是她提意見的方式不對。

與上司說話是一門藝術，而向上司提意見則是一種技術。每個人都有自己的性格，有人直來直去，有人比較內斂含蓄；有人喜歡說話，有人喜歡傾聽。上司也是如此，有的上司喜歡讓下屬表達不同的想法，其管理方式比較民主；有的上司則認為自己的決策永遠是對的，其管理方式比較自我。但無論面對哪種上司，提出意見都要巧妙一些。那麼，如何說話可以讓上司高興地接受我們的意見呢？具體來說，我們可以從以下幾方面去做：

1.不要對上司的想法持否定態度。

每個人都多少有點自戀情結，上司也不例外，他對自己的想法、提出的計畫和方案一定很滿意。如果我們對其持否定態度，上司的心裡肯定會不舒服，自然很難聽取我們的意見。另外，上司的工作經驗比較多，他的主張肯定有值得我們學習的地方，我們可以對上司說：「您提出的這個方案有很多地方值得我們學習，但如果這個地方改成這個樣子，我想會更完美，您覺得呢？」這樣既沒有否定上司的方案，又將自己的意見恰到好處地表達出來，上司一般都會接受意見的。

2.保全上司的面子。

我們向上司提意見的時候，一定要注意保全上司的面子，尤其是在公共場合。這樣做，一方面表示我們對上司的尊重，上司也願意考慮我們的意見，另一方面，我們只是行使提意見的權利，而上司仍保有最終的決斷權，這能使我們進退自如，一旦提出的意見不恰當，還是可以替自己找回面子。

3.將「意見」轉化為「建議」。

將「意見」轉化為「建議」是向上司提意見的一個上等計策。很多職場中人的經驗也表明，上司對於自己得出的見解，往往比員工強加給他的見解更加堅信不疑。因此，一個口才好的員工，要想讓上司接受自己的意見，就要做好引導工作，將意見轉化為建議，為上司提供必要的資料，將決定權留給上司，這樣做的結果都是意見被採納。

一言千鈞

如果一個員工帶著消極情緒向上司提意見，會讓上司懷疑他對公司的忠誠度，他在上司心中的形象會大打折扣，上司可能連聽完他意見的耐心都沒有，採納就更無從談起了。

做完蛋糕裱好花，主動向上司彙報工作

職場中，一些員工認為，沒有必要向上司彙報工作，甚至覺得經常做這件事的同事是藉回報工作向上司炫耀自己的能力。他們的想法是：即時高效地完成上司交代的工作，上司看到結果後，對自己的印象自然就會好起來，就會將升職加薪的機會留給自己。但事實上，這樣的員工往往在公司工作了很久，職位和薪水沒有任何改變。更有甚者，因為從不向上司彙報工作，導致上下級之間的交流通道堵塞，結果常常是上司指東他打西，嚴重者會給公司造成巨大的經濟損失。

鄒坤禾是一所知名大學的高材生，生性高傲，做事喜歡獨斷專行，畢業後進入了一家知名的跨國公司。上司曾找他談過話，讓他經常與自己溝通，以免出現不必要的麻煩。但鄒坤禾沒有聽進去，他覺得總向上司彙報工作太麻煩，所以很多事情他就省略彙報這個步驟，直接按照自己的想法去做。的確，他出色地完成過很多工作，但是卻很少得到上司的誇獎。而他的這種工作方式，也為他惹了一個不小的麻煩。

有一次，他手上的一項工程在接近尾聲的時候突然出現了問題，由於當時的情況緊急，再加上他也沒有向上司彙報工作的習慣，就自作主張，動用了一筆工程款，讓工程順利竣工。鄒坤禾還為此得意了很久，覺得自己的應變能力很強，為公司減少了損失。

一個偶然的機會，鄒坤禾不小心聽到了上司跟老總說起這件事情。

上司說：「如果不是聽別的員工說起，我還不知道那個工程居然出現了問題。鄒坤禾一直都沒跟我彙報這件事情，幸虧我即時和財務核對了工程款，要不然我連自己部門的錢花到哪都不知道。」

老總緊蹙眉頭，不滿地說道：「這個年輕人做事有點不守規則啊，我原本打算提升他做專案主管，看來時機不夠成熟，還是先讓他做原來的工作，等他成熟一點，懂事一點的時候，再讓他擔任管理者的職位吧！」

聽到這話，鄒坤禾整個人都愣住了，心中滿是悔意。

現今的職場中，出色地完成工作是必須的，但不要做默默耕耘的「老黃牛」，這樣容易被上司忽視。我們要做一隻「鸚鵡」，主動將自己的工作成果說給上司聽，上司自然會注意到你，從而重視、提拔你。對此，有位作家曾做過一個形象的比喻：「做完蛋糕要記得裱花。有很多好的蛋糕，因為看起來不夠漂亮，所以賣不出去。但是在上面塗滿奶油，裱上美麗的花朵，人們自然就會喜歡來買。」

黃雲貞是一家餐飲公司的大堂經理，她的相貌平平，身材不高，屬於放在人群中就找不到的那種女人，但是她很得上司的賞識。據她的朋友所說，她之所以得到上司的「寵愛」，工作能力強是一個原因，還有一個原因就是，黃雲貞每隔幾天，就會向上司彙報近期公司的客流量是增加還是流失，並以書面的形式總結出原因和解決方案。上司對此非常滿意，儘管有時黃雲貞在工作上會有一些失誤，但上司從來沒有責備過她，相反，還會給她提出一些中肯的建議。

一位職場專家表示：「上司需要結果，但並不等於上司可以不知道過程。身為下屬，主動『彙報』是必須的，讓上司對你的工作動態盡收眼底，這樣才有可能即時得到上司的指點與支持。」另外，主動向上司彙報工作還有一個好處：減少失誤。而且如果他在做事的過程中，經常向上司彙報自己的工作進展程度，上司就找不到推卸責任的藉口。

主動向上司彙報工作固然好處多多，但這不是簡單地向上司說幾句話就可以了。彙報工作也是需要技巧的，運用得好，會為你的工作增色不少。

一般來說，我們可以運用以下幾種彙報技巧：

1. 即時向上司彙報工作。

彙報和新聞具有一個相同的性質——時效性，即時向上司彙報工作才能發揮出最大的效力。當你完成了一個難度很高的任務，或者解決了一個困擾上司很久的難題，最好馬上向上司彙報，這樣效果最佳。如果過段時間再向上司彙報，上司可能已經對這件事情不感興趣了，你的彙報也就變得多餘了。另外，我們即時向上司彙報工作，還會使其與上司建立良好的互利關係，上司會主動對我們的工作進行點撥，幫助我們高效地完成任務。

2. 彙報工作時要抓住重點。

一般來說，上司都是「日理萬機」，沒有時間聽我們的長篇大論。如果一個員工的彙報內容冗長，很可能會讓上司不耐煩，反而破壞他在上司心中的形象。所以，我們彙報工作時要有邏輯性，挑重點內容說，不要鬍子眉毛一把抓。我們可以先向上司彙報結果，然後再描述完成的過程。比如：「主管，那個難纏的客戶已經被我搞定了，他答應週一過來和我們簽訂合約。」這樣的彙報方式，會勾起上司的興趣，他會主動要求我們講一講過程，並聽得津津有味。

3.帶著解決方案向上司彙報工作。

一般來說，上司都不喜歡員工愁眉苦臉地對自己說：「這事太難辦了，經理，你說該怎麼辦？」這種將問題拋給上司去解決的說法，會讓上司覺得這個員工在為自己完不成任務找藉口，是推卸責任的表現。因此，我們彙報工作時，要準備好幾種解決方案，讓上司指點和選擇。這樣，上司會覺得我們很有能力，會給予我們更多的發展機會。

一言千鈞

主動向上司彙報工作對我們的事業發展很有利，但我們一定要掌握頻率，不能大事小事都向上司報告。每個員工都有自己的工作職責，凡是屬於自己工作許可權內的事情，就要盡量自己解決，沒有必要都向上司請示。如果一個員工過於頻繁地向上司彙報工作，不僅會讓上司感到十分厭煩，而且他的工作效率也會下降，還容易在同事中留下愛恭維上司的壞印象。

會說圓場話，適時為上司解圍

打圓場是從善意的角度出發，以特定的話語去緩和緊張氣氛、調節人際關係的一種語言行為，在職場中有著積極的意義。將打圓場運用得收放自如，可以消除雙方的誤解、化解矛盾、平息爭執，還有利於打破尷尬的局面，使辦公室的氣氛和諧融洽。

善於為上司打圓場是我們應該學習的一門「口技」。人人都愛面子，上司在下屬面前更害怕丟面子。如果上司在人多的地方遭遇難堪，我們就要即時站出來，說點圓場話，緩和一下現場的尷尬氣氛。我們幫上司解了圍，上司自然會對其感激不盡。相反，如果上司處於尷尬的境地時，我們不幫上司打圓場，只在一旁看笑話或急著推卸責任，那麼，我們以後的日子也不會太好過。

某食品公司因為出現食品品質問題引起了很多顧客的投訴，一些記者聞訊到該公司採訪品質檢驗部主任。記者在公司門口遇到了主任的一名下屬，向他詢問情況。可是這名下屬怕記者把自己推到風口浪尖上，成為代罪羔羊，就對記者說：「我們主任馬上就來了，你們看，那輛正往這邊開的黑色汽車就是他的車，你們還是直接去採訪他吧！」記者們聽後，一窩蜂似的圍住了主任的車，主任想逃也逃不了，只好強撐著應付記者們的尖銳問題。

事後，主任得知那名下屬不僅沒有提前向自己彙報情況，還將責任推得一乾二淨，把難題都留給自己，非常憤怒，不久就將那名下屬辭退了。

這個故事很值得我們思考，記者因產品品質問題採訪公司的有關負責人，這對公司的所有員工及領導者來說本來就是一件煩心事。此時，上司最需要的就是下屬能勇敢地站出來，身先士卒，替自己擋住媒體的「子彈」。如果故事中的那名下屬面對記者時，能夠解釋好出現問題的原因，維護好公司的形象，而不是將問題全部拋給上司，就會得到與被辭退完全相反的待遇。

有時候，我們會遇到這樣的情況：發生爭執的兩個人都是自己的上司，不知勸解哪一方才好。遇到這種情況，我們可以巧妙地將兩個人的異義之處分解為事物的兩個方面，讓兩個人的觀點在各自一邊都說得通，這樣，我們就可以同時為兩個人解圍。

清末的陳樹屏口才極佳，善於調解紛爭。

他在江夏當知縣時，張之洞在湖北擔任督撫，譚繼詢擔任撫軍。張、譚兩人素來不和。一天，陳樹屏宴請張之洞、譚繼詢等人。聊天過程中，當談到長江江面寬窄時，譚繼詢說江面寬是五里三分，張之洞卻說江面寬是七里三分。雙方爭得面紅耳赤，本來輕鬆的聊天也一下子變得尷尬起來。

陳樹屏見狀，知道兩位上司都在借題發揮，故意爭吵。為了緩和氣氛，又不能得罪兩位上司，他說：「其實二位說得都對。江面在水漲時寬到七里三分，而退潮時便是五里三分。張督撫是指漲潮而言，而譚撫軍是指退潮而言的。」

陳樹屏巧妙地將江寬分解為兩種情況，一寬一窄，讓張、譚兩人的觀點都在各自情況下顯得正確。他們二人聽了如此高明的圓場話，也不好意思再爭論下去了。

工作中，我們在為上司打圓場時，要分別站在雙方的角度上看問題，理解上司和爭論對方的心情，對各自的優勢給予肯定。這樣一來，就滿足了兩個人自我實現的心理需求。在這個基礎上說出圓場話，雙方都比較容易接納，解圍的目的也就達到了。

一言千鈞

幽默是說話藝術中不可缺少的一個重要因素，在說圓場話的時候，添加一些幽默作料，會大大地增加說服力，更容易打破尷尬的氛圍，令雙方的心情大好，轉怨為喜，會心一笑。而且，這樣的解圍話語會讓雙方在笑語中有所悟、有所得。

在上司面前可以適時地說說自己的缺點

有人曾在微博中發過這樣一篇文章：「在職場，一定要有缺點。即便是完美，也要故意暴露一些缺點給人看，譬如感情衝動，譬如貪財等。」在職場中，一個全身是優點，讓人挑不出缺點的人，很容易遭同事嫉妒，會被人視為另類而遭到孤立。更可怕的是，如果連上司也覺得他完美，不願接近他，那麼，這個完美無缺的員工在職場江湖中就會身處險境了。

張福華剛開始工作不久，便去找自己的大學老師抱怨工作的上司。張福華滿腹委屈地對老師說：「我很努力地工作，經常加班，而且成果也不錯，我剛到公司三個月，銷量早就超過了去年的銷售冠軍半年的業績，可是我就是不討上司的喜歡，他不僅不表揚我，反而經常在會議上含沙射影地指出一些新員工驕傲自滿，取得一點成績就把尾巴翹上天了。老師，您說上司是不是故意找我的麻煩，我沒有覺得自己做過什麼錯事啊！」

老師沉思了一會兒，問道：「你是不是經常不收拾辦公桌，總是亂糟糟的？上班曾經遲到或者早退過？」

「從來沒有，我每天都擦辦公桌，上班準時，從不提前走。您是瞭解我的，我對自己的要求特別嚴。上學的時候，我就是班上的好學生，在家也是好兒子，從來沒有讓老師、父母挑出過毛病來，您說，這怎麼一上班，反倒讓上司煩了？」

老師說道：「這就是問題的根源了。你看你，平時工作認真，業務能力較高，業績突出，在細節上也沒問題，那不就等於告訴上司：『我樣樣都行，不需要上司指點工作。』你想想，你若是上司，手下有個這麼能幹的完美員工，你的心情會好嗎？」

張福華一臉迷惑，不解地問道：「難道表現得完美也有錯？」

「你沒有理解我的意思，原則問題一定要過硬，但如果你處處都讓別人挑不出毛病來，怎麼證明別人比你厲害呢？如果你不讓別人比你厲害，那上司的地位又何在呢？也就是說，他無法證明他是上司，而你是下屬。上司就是要透過能看出你的問題，找出你的缺點，然後加以指點，讓你能改正，這樣才能顯示他的上司角色。因此，你在工作上對自己要求高一點並沒有錯，但你要有意無意地暴露出一點缺陷，故意讓上司指出來，這才是聰明下屬的做法。

而且，你要適當地向上司彙報一下工作，哪怕是一件微不足道的小事，只要你學會請示，上司就會覺得你是個懂事的下屬，會覺得你孺子可教。這樣，你給了他面子，自己也沒吃什麼虧，一舉兩得，何樂而不為呢？」

第二天，張福華沒有像往常一樣將桌面收拾得乾乾淨淨的，而是故意將文件擺得亂七八糟。上司路過他的辦公桌時，停下了腳步，點了點桌子，告訴他要學會收拾桌面。張福華裝作恍然大悟的樣子，立刻收拾。後來，他還學會了彙報工作，即使他已經知道下一步應該做什麼，也會拿著檔案夾，敲開上司的門，問問上司的意見。有時，他還會在彙報工作的時候，故意說錯幾個專業名詞，讓上司指正。

他的努力沒有白費，在年底的人事任命會議上，他如願地升為部門經理，上司還暗示他：「好好幹，我馬上退休了，總監這個位置會空出來，我覺得你最合適做繼任者。」張福華的心中一陣竊喜，暗自慶幸自己聽從了老師的建議。

人忌求全，在職場中更是如此。如果一個員工鋒芒畢露，讓上司挑不出一點毛病，上司就會覺得他不會踏實工作，甚至還擔心小廟留不住他這尊大佛，就會有所忌諱。

一家公司的財務經理辭職了，老闆決定從內部選舉一個新的財務經理，有四個員工報名參選。

選舉演講那天，第一位候選者聲稱自己的專業知識紮實，在公司做了兩年的財務主管經驗，經驗豐富，而且有出色的人際關係協調能力。他在演講最後，特意提到了對公司的各項工作流程都很熟悉。

第二位候選者的演講內容與第一個人相差無幾，但他在演講的最後說，除了財務流程外，他對公司的其他工作流程不是很熟。

第三位的情況和前面兩位不同。他說自己的專業知識已經忘得差不多了，而且人際關係協調能力也不怎麼樣，但與其他兩位候選者相比，他在公司工作的時間最久，對各項工作流程相當熟悉。

第四位的演講內容和第三位相似，並且對各項工作流程的熟悉程度很低。

其實，所有的員工都可以歸於上述四類人之中，第一類員工：十分完美，毫無缺點；第二類員工：還算完美，略有不足；第三類員工：缺點很多，但有一些小優點；第四類員工：毫無優點。

表面上看來，似乎第一類員工選舉成功的機率是最大的，但事實是，上司常常將手中的一票投給第二類員工。因為上司是現實的，他希望自己的下屬有一些或大或小的缺點，因為完美的「多面手」下屬會顯得上司很無能。所以，我們在向表現出自己很優秀的同時，也要讓上司知道這一點：「這個員工的表現是很出色，但身上還是有缺點的。」

另外，心理學研究說明：能夠客觀地認識自己缺點，不怕露怯的人更容易成功；而想方設法「藏短」、不敢正視自己缺點的人則很難取得成就。

心理學家認為：「一個人如何對待自己的缺點，實際上反映的是他內心深處的動機。不敢正視自己缺點、想方設法『藏短』的人，背後的深層動機是『自我美化』；而勇於暴露並改進自己缺點的人，背後的深層動機則是『自我提升』。『自我美化』的人明顯地把更多精力投注於炫耀優點和隱藏缺點上，而『自我提升』的人則把更多精力投注到不斷努力從而不斷進步上。因此，『自我提升』的人，也就是勇於暴露自己缺點的人，更有動力去改進自己缺點，將弱項變成強項並進步，從而做出成績、取得成功。」

職場中，我們大可不必去掩飾個人的一些缺點，可以有意無意地跟上司說說自己的不足之處，讓上司給出一些建議。這樣，上司就會覺得：「即使你的能力再出眾，你還是逃不出我的五指山，還是需要我的指點。」讓上司覺得他能掌控你，你在職場中就會處於安全的境地。

一言千鈞

暴露的缺點不能是你真正的不足之處，只可以是同事茶餘飯後的閒談話題，和上司拉關係、套近乎有餘，千萬不能將對自己工作有嚴重威脅的缺點向上司全盤托出，以免作繭自縛。

上司的臉如天氣預報 看清陰晴變化再開口

俗話說：「六月天，孩子臉，說變就變。」上司的臉也是如此，陰晴變化不定。如果我們善於觀察上司臉上的「天氣預報」，在恰當的「天氣」先說出合適的話，自然會討得上司的「寵愛」，容易得到上司的關注與提拔，讓事業更上一層樓。

相反，如果一個員工不管上司的臉是陰是晴，就將自己想說的話一股腦兒地說出來，就會招致上司的厭惡，久而久之，上司可能連看都懶得看他一眼。

史書上記載了這樣一個故事：

清朝時，一個舉人經過考試，得了一個縣令的職位。

第一次去拜見上司，想不出該說什麼話，沉默了一會兒，忽然問道：「大人尊姓？」這位上司很吃驚，勉強說了自己的姓。縣令低頭想了很久，說：「大人的姓，百家姓中所沒有。」

上司更加驚異，說：「我是旗人，貴縣不知道嗎？」

縣令又站起來，說：「大人在哪一旗？」

上司說：「正紅旗。」

縣令說：「正黃旗最好，大人怎麼不在正黃旗呢？」

上司勃然大怒，問：「貴縣是哪一省的人？」

縣令說：「廣西。」

上司說：「廣東最好，你為什麼不在廣東？」縣令吃了一驚，這才發現上司滿臉怒氣，趕快走了出去。

第二天，上司令他回去，任學校教職。

究其原因，便是這位縣令看不清上司臉上的「天氣預報」。

做為優秀員工，就要懂得隨機應變，一旦發現上司的臉色不對，馬上轉換話題，在適當的時機說適當的話。但若想看清上司臉上的陰晴，就需要學習一些「氣象」知識，以便很好地理解上司隱藏在臉色中的秘密。比如，如果一個員工說話時，上司不抬頭，眼睛不正視他，這就是一種危險信號，因為這表示上司不喜歡他，認為此人的工作能力不行，員工就要適時閉嘴，多努力一些，提升自己的工作能力。

眼睛是心靈的窗戶，看好上司的眼色是觀察其臉色的重點。除此之外，上司的坐姿、服裝同樣會輔助我們探尋其內心的想法。觀察並沒有我們想像中那麼高深莫測，只要多學習，勤琢磨，很快就會練就一雙犀利的眼睛，輕鬆地洞悉上司的內心世界，從而說出得體的話語。

一言千鈞

上司翻臉如翻書，員工伴君如伴虎。為了不讓自己在職場中如履薄冰，我們就要目光如炬，從上司臉上的陰晴推斷其心情的好壞，從而靈活地轉換話題，讓上司臉上陽光明媚。這樣，我們的前途也會一片光明。

上司不是等閒輩，黑色玩笑開不得

芝加哥情緒智商研究院的一位企業顧問說過這樣一句話：「現今的職場中，存在著許多讓人緊張的因素，幽默是令麻煩事變得不那麼煩的一種方式。」的確，我們適度地講個幽默故事，開個玩笑，不僅可以拉近自己與他人的心理距離，還能提升我們的職場人氣。但這裡所指的是白色玩笑，也就是善意的幽默。如果玩笑帶有傷害他人自尊心的成分，就是黑色玩笑了。這種玩笑會讓對方感到不快，破壞人際關係。如果對方是自己的上司，那麼，你在職場中就岌岌可危了。

劉國通是一家電器公司的業務員，他天生適合做業務，因為他長了一張巧嘴，總是滔滔不絕，將客戶說得心服口服，然後拿下訂單。平時在辦公室裡，他也喜歡和同事聊天，經常和大家開玩笑，辦公室裡總是其樂融融。但是，這麼善於言談的人，和上司講話時卻很謹慎。

那天，上司帶他去外地出差，他們買的是火車臥鋪，劉國通和上司的床鋪是對著的。火車開動後，劉國通和上司談了一下此次出差的行程，修改了幾個細節問題後，兩個人開始沉默不語了。

劉國通是做業務的，最怕的就是這種安靜的氣氛，這種大眼瞪小眼的局面讓劉國通很不舒服，他想：「一定得說點什麼打破沉默，要不和上司開個玩笑？」但他很快否決了這個想法，因為他想起了發生在同事身上的一件事情。

那次，上司為了慶祝喬遷之喜，就請所有人吃飯。席間，一位同事眼尖，看見上司穿了一雙新皮鞋，就誇張地大叫一聲：「楊總，今天穿新皮鞋了！」上司聽了咧嘴一笑，還未曾來得及表示自己的喜悅之情，同事又接著說了一句讓上司十分不高興的話：「這鞋怎麼看著像隻胖頭魚！」

劉國通記得，從那頓飯後，上司一看到那個同事，立刻就緊蹙眉頭。發年終獎金的時候，那個同事的信封也比別人的薄很多，同事覺得特別委屈，哭喪著臉說：「我辛辛苦苦幹一年，就因為那次吃飯時候的一個玩笑，就這麼對待我。我當時也只是順口一說，因為那種樣式的鞋確實很少見，突然看到，我就沒有管住自己的嘴巴。你說他是上司，怎麼這麼小氣，我真委屈！」

想到這裡，劉國通仔細地思考了一下如何打開話匣子。突然，他看見上司戴了一個很別致的領帶夾，非常有特點，於是就說：「楊總，您這個領帶夾很有個性，在哪裡買的？」

原本只是沒話找話，但上司一聽，頓時精神一振，興奮地說道：「這個領帶夾啊，是我去年在巴黎旅遊的時候買的，是一個著名設計師的作品，還是限量版的呢！」上司的話匣子一下子打開了，開始滔滔不絕地講述自己對時尚的看法，還善意地指出劉國通平時在工作中衣服搭配的不足，兩人言談甚歡。

到達目的地後，上司意味深長地說：「劉國通啊，看來以前我們的接觸太少，我對你的瞭解不夠多，回去之後，你要好好幹。」劉國通聽後，心中一陣竊喜。

一位人際關係專家曾說過：「在公司工作，不管今後是想仕途得意、平步青雲，還是想一直默默無聞地過太平日子，都有必要在辦公室這個不平靜的地方懂得開玩笑的藝術，哪怕看似最輕鬆的玩笑話，都要注意把握分寸。另外，值得我們尤其注意的是，千萬不要拿主管開玩笑，更別以為捉弄人也是開玩笑。」我們一定要知道這一點：上司永遠是上司，即便他再平易近人，也是和員工處於兩個階層的人。所以，和上司交流時，我們要謹慎過濾玩笑，勿讓黑色玩笑黑了前途。

一言千鈞

有關專家表示，黑色玩笑其實展現著一個人自身的弱點：面對一個人或一件事時，會不自覺地挑剔，這只不過是一種思維習慣而已。因此，要想不讓黑色玩笑殃及自己的事業發展，就要從改正自己的思維習慣開始。

巧妙說「不」，別太過強硬地拒絕上司

相信很多人進入職場前，父母都有給你上過一堂職前培訓課，這堂課不可缺少的一個內容就是：要聽上司的話，不要頂嘴，要不你的上司會找你麻煩，或者找個理由就把你辭退了。於是，很多人聽從了父輩的話，對上司的想法、做法、安排，可以說是來者不拒，照單全收。

某網站曾做過一項關於「員工是否敢對上司說不」的調查，這項調查涉及十幾家公司的幾百名員工，其中有個問題是「當你與上司的意見不一致，而上司的想法明顯有錯誤，你會向他說『不』嗎？」結果顯示僅有百分之三十二的員工認為可以向上司說「不」，理由是：做一名優秀的員工要勇於反對和拒絕上司的意見和安排，這樣才能顯示自己的工作能力和專業水準。

在不敢拒絕上司的員工中，有超過百分之十的人說，既然自己是人家的下屬，就要看上司的臉色幹活，賺人家的錢就要服軟，就要奉行「上司的話永遠是對的」的工作原則，上司說什麼就是什麼。

有超過百分之三十的員工表示：在不涉及工作原則，不觸犯法律的情況下，聽上司的。還有部分員工認為，向上司說「不」，心裡沒底，怕上司記恨。另外，還有將近百分之十的員工說，口頭上同意上司的主張，在實際工作時，還是按照自己的想法去做。

員工固然應該服從上司，但也要分情況。比如：上司給你一個難度極高，幾乎不可能完成的任務，或者下了個錯誤的指示；你手頭的工作已經讓你忙得焦頭爛額，上司卻又給你增加工作量等，遇到這樣的情況，如果員工還是對上司說：「好的，經理，我一定按時完成。」就等於是自找罪受。

安傑生是一家電腦科技公司的編程人員。

一天，部門經理將他叫到辦公室，讓他擔任公司青年志願者團隊的隊長。原來，當地政府部門要召開一次高新技術研討會，會議負責人要求參加會議的公司派八名員工擔任志願者。公司考慮到安傑生在大學時當過學生會主席，覺得他是當隊長的合適人選。

安傑生說：「我現在正在給客戶做一個編程，現在正是關鍵的時候，而且客戶催得也很急，我要是再做別的工作，這個編程恐怕就不能按時完成了。」

部門經理說：「這個會只開兩天，而且，你的工作就是每天把人帶到開會地點，不需要整天都在那裡，所以，這個工作不會耽誤你太多時間。」安傑生遲疑了一下，便同意了。

在這兩天時間裡，安傑生每天將志願者帶到會場，叮囑幾句話，就匆匆返回公司，鑽研他的編程去了。志願者見隊長走了，也都偷偷跑了。會議負責人找不到人，就直接反應到公司老總那裡，老總將部門經理訓斥一頓。經理挨罵後，自然將怨氣全都出到安傑生身上了，越看安傑生越不順眼。

年底，公司進行人事調整，因為安傑生做的編程給公司創造了很大效益，有人推薦安傑生擔任部門主管。經理冷冷地說：「他連八個志願者都管理不好，我怎麼能指望他管理好有二十個人的技術部門？」一句話讓安傑生失去了升職加薪的機會，安傑生是啞巴吃黃連——有苦說不出。

從工作關係的角度來講，員工是從屬於上司的，要服從上司的管理，但這並不就代表員工事事都要依附於上司。員工是一個獨立的人，有自己的人格，當然也有拒絕上司的權利。有的員工認為對上司說「不」會影響自己的職業發展，其實不然，而是拒絕上司不僅需要勇氣，而且需要技巧。

一般來說，我們可以採用曲線拒絕的方式，就是不直接對上司說「不」，迂迴婉轉地拒絕上司的提議、安排。這樣，既達到拒絕的目的，又不會得罪上司。在實際工作中，我們可以用先肯定，再提新想法的「曲線拒絕法」來跟上司說「不」。

舌頭和牙齒也有不合拍的時候，所以，員工和上司有不同主張純屬正常現象，但如果硬碰硬，爭論得面紅耳赤，與上司形成水火不容的關係，就太划不來了。上司也是性情中人，我們婉轉一點，溫和一點地和上司說「不」，就會達成你好我好大家好的目的。

一言千鈞

上司有對員工「發號施令」的職責，員工也有斷然拒絕的權利。當然，這是以有正當理由為前提條件的。人力資源專家分析，在不同性質的企業，員工對上司說「不」會導致不同結果。因此，我們若要拒絕上司，一定要斟酌好語言，掌握好說話尺度。

第3堂課

親近同事

三寸之舌掌控辦公室政治

人人都愛聽好話，別吝惜你的讚美之詞

辦公室中，桌子上堆積如山的檔案，電腦上繁多的表格，即時通軟體中上司的頭像不停閃動，不斷地發出新的工作指令，客戶的電話也不時來湊熱鬧……不知不覺中，員工就會變得越來越焦躁，對工作的熱情越來越低，經常會想起一些心煩的事情。懷著這樣低落的心情，即便是略下工夫就能完成的工作，也會覺得如同攀登高山一樣艱難。

這個時候，員工急切地需要一副提神的藥，讚美就是最好的藥引子。

美國有一位心理學家指出：「渴望被人賞識是人最基本的天性。」讚美是一種行之有效的交往技巧，它能夠激發你與同事溝通的慾望，有效地拉近你與同事之間的心理距離。」

鄒可陽剛進公司時，有一個叫高婷婷的女同事，氣質優雅，但總給人一種高傲自負的感覺，同事們都私底下叫她「冷美人」。

最初，鄒可陽與她不熟，倒是和她的搭檔小薇關係不錯。

小薇為人熱情，很願意幫助別人，但是，她心直口快，看到什麼不順眼的事情，就跟鄒可陽抱怨：「高婷婷總是冷著臉讓我加班趕企劃案，還經常挑我工作中的毛病。」

沒過多久，小薇辭職了。

鄒可陽聽同事說，是因為她經常用公司的電話跟朋友聊天。後來，小薇在電話中對鄒可陽說，這一切都是高婷婷做的，並告誡鄒可陽提高警惕性，別走她的老路。

漸漸地，鄒可陽發現，其實高婷婷也並不像小薇說的那樣惹人厭。她的穿著，雖然也很職業化，但一點也不古板，讓人看著很舒服。

一天，高婷婷穿了一套黑白相間的套裙，上衣上別了一個別緻的胸針，脖子上配了一條精緻的項鍊，看著非常大器優雅。

「高婷婷，妳今天的打扮真有氣場，我喜歡那個胸針，設計很特別。」鄒可陽真誠地說道。

「謝謝。」高婷婷微笑地走向座位。

這是第一次，以後的日子中，鄒可陽總會發現她身上的優點，並且說出來。

慢慢地，她對鄒可陽的態度比以前好了很多，而且在公司評選優秀員工時，她極力推薦鄒可陽，部門經理對鄒可陽有了更多的關注。

讚美是認可、肯定同事的行為，可以消除彼此間的隔閡。因為同事之間相處的時間長了，

就會自動遮罩對方的長處，反而對其短處很敏感，這就是使工作陷入危險境地的前兆。而多讚美同事，可以即時將這個苗頭掐死在搖籃中。當然，讚美並不是隨便說兩句誇獎的話那麼簡單，也有幾點注意事項：

1.讚美要真誠。

讚美不是說客套話，需要用發自內心、帶有感情的話語去誇讚同事。這種自然流露的讚美之詞不會讓同事感到說話者是在奉承自己，會顯得很真實，同事更易接受。

2.讚美別太籠統。

有的員工也會讚美同事，但總是收不到好的效果，原因就是他們總是用籠統的話語讚美同事。比如：「你真聰明！」「你的工作能力真強！」這樣的誇讚會讓同事覺得他們非常不真誠，只是隨口說說而已。

我們應該這樣說讚美的話，比如，同事剪了個新髮型，你可以這樣讚美：「這個髮型很適合妳，顯得妳很有精氣神。」再如，同事背了一個款式新穎的皮包，你可以這樣誇讚：「這個包是今年最流行的，妳用它配今天這身衣服真不錯，顯得很時尚。」只要細心一點，即時發現同事身上的一點小改變，就可以讓自己的讚美之詞常換常新，誇讚效果也會很好。

3.讚美也要「看人下菜碟」。

同樣內容的讚美語言用在不同類型的同事身上，會產生截然不同的效果，也許會讓甲心花怒放，也可能會讓乙勃然大怒。所以，讚美也要「看人下菜碟」。我們可以將同事按性格分成幾種類型，分別使用合適的讚美話語。比如：對心機重的同事，讚美的話不用說得太多，言簡意賅就可以；對待性格開朗的同事，就不用太謹慎，可以多說一些誇讚的話，這樣會讓對方喜不勝收。

另外，讚美同事時，察言觀色，揣摩對方的心情也是必不可少的。如果一個人在同事情緒不好、心情沮喪，或者有一些煩心事，非常焦躁的時候，還喋喋不休地說讚美之詞，非但不會讓同事心情變好，反而可能讓同事對他產生厭惡的情緒，這就適得其反、得不償失了。

一言千鈞

辦公室是一個爭權奪利、明爭暗鬥的名利場，空氣總是非常冰冷、緊張，而讚美同事可以提升室內的溫度，增強每個人的職場幸福感，會讓大家感覺心中暖洋洋，不再將辦公室當成角鬥場。

談話如送禮

說到同事心坎上方能博得好感

職場中，很多員工會有這樣的感覺，與甲談話，雖然他很熱情地高談闊論，但看著他一張一合的嘴，自己心中會無端地產生厭煩；而與乙聊天，即便他只說了寥寥數語，卻句句中聽，讓自己心中的陰霾一掃而空，心情變得大好，越看他越順眼。

為何甲滔滔不絕，卻不惹人喜歡呢？

因為他不會說話，這正如著名成功學家林道安所說：「一個人不會說話，那是因為他不知道對方需要聽什麼樣的話。假如你能像一個偵察兵一樣看透對方的心理活動，你就知道說話的力量是多麼巨大了！」

在一場以「如何練就好口才」為主題的培訓中，培訓師提出了這樣一個問題：「在眾多職業中，哪一行員工的口才最好？」大多數人的回答都是律師。理由是如果兩個律師在法庭狹路相逢，心中只有一個想法，就是擊敗對方，贏了官司。所以，律師在學習培訓的過程中，非常注重培養自己邏輯思維與說話的能力，正因為如此，律師都是能言善辯、語言犀利的語言大師。

培訓師聽了大家的話後，搖了搖頭，說道：「一個人善辯不代表他的口才好，只能說明他的分析能力比較強，反應比較機敏。他駁倒別人的能力很強，是個很好的辯手，但這樣的人也往往不得人心，容易被別人孤立。」

「那怎樣才算好口才呢？」有人問道。

「說話說到點子上，能說到別人的心坎上，讓別人聽著舒心，這樣才能稱得上是好口才。」

說話的學問與送禮有些相似。送禮不在禮物有多貴重，而在於這份禮物是否合對方的心意，如果對方喜歡烹調，你恰好送了一本暢銷的廚藝書籍，效果就會比送一瓶昂貴的洋酒好。說話也是如此，一句說到對方心窩裡的話勝過十句華麗的溢美之詞。

例如，我們可以瞭解同事的喜好，每個人因成長環境、文化程度等方面的不同，喜歡和關注的事物也會有所不同。瞭解了這些，你就比較容易說出合當事人心意的話。

黃緒燕初到公司，對一些表格的製作還不熟練。一天，她對著一張報表研究了半天，還是弄不清楚，就向辦公室的前輩——周翠婷請教。起初，周翠婷對她愛理不理，只是簡單地說了一些皮毛。黃緒燕正要打道回府，突然看見周翠婷的辦公桌上有一張十字繡的圖，她靈機一動，說道：「周姐，妳喜歡十字繡？」

周翠婷頭也不抬地說：「嗯。」

黃緒燕繼續說道：「繡十字繡的人一般都心思細膩，分析能力比較強，我說妳怎麼做起表格來這麼駕輕就熟，多複雜的報表，一到妳手中，都會變得簡單。」

周翠婷聽後，嘴角露出一絲笑容，說道：「妳對十字繡很有研究啊，沒事的時候，我們可以一起探討一下。」黃緒燕見狀，趕緊點頭，趁機又請教了一遍剛才的問題。周翠婷熱心地指導起來，還告訴黃緒燕，有不懂的地方可以隨時來問她。

另外，我們要注意一點，有些人的喜好還會隨著年齡的變化而改變。比如，有的人二十幾歲時喜歡聽流行音樂，跨入三十歲的行列後，就熱衷於古典音樂。我們要細心一點，即時瞭解這些變化，說出合適的話語。

一言千鈞

即便禮物輕如鴻毛，但送得合對方的胃口，他就會感到你的情意重於泰山；即便只說三言兩語，但說到同事的心坎上，他就會覺得你的話語價值千金。

禮多人不怪
同事幫忙要即時說「謝謝」

小時候，每當我們接受了別人的禮物，或者別人幫助了我們，父母都會在一旁提醒我們：「趕緊說謝謝。」以示禮貌。其實，這種好的禮貌習慣不應該僅僅停留在小時候，成年以後，「謝謝」這兩個字的影響力絲毫沒有減弱。

職場中，「謝謝」二字更是潤滑你和同事關係的利器。同事和朋友不一樣，一般都沒有太穩固的感情基礎。因此，當你求同事幫忙的時候，說話一定要講禮貌，而且要以詢問的口氣，誠懇的態度。受到這樣的「禮遇」，同事如果覺得事情比較容易辦成，自然會滿口答應，他幾句簡單的話，也許就可以解決困擾你已久的問題。事成之後，你要即時地對同事說「謝謝」，也可以聊表心意，送一點小禮物。但最好不要用金錢表示感謝，這樣容易引起同事的反感，會讓對方對你留下不好的印象。

有的人覺得同事的幫忙只是舉手之勞，比如，請同事幫忙找一份文件，複印一份合約，倒一杯咖啡，查閱一點資料，修改一下文稿等，就直接跳過說「謝謝」的步驟，不將這件事放在心上。還有的人會有這種想法：「我們的關係很好，他幫我做這些都是理所應當的。」從而將「謝謝」二字爛在肚子裡。這些做法和想法都是不對的，我們要知道，只要我們開口請求幫助，收到求助資訊的同事就要為此付出自己的時間和精力，而且還有可能動用了自己的人脈，找了其他人幫忙。

另外，即便真的是一件不起眼的小事情，自己就可以解決，只是因為不喜歡做，就求同事幫助。同事也未必喜歡去做，但礙於情面，還是幫助解決了。在這種情況下，如果被幫助者毫無感激之意，那麼，他很快就會被身邊的同事孤立。因此，不論是同事幫了你多小的忙，你都應該即時說「謝謝」。而且，不僅要在得到了理想的結果時說「謝謝」，即便問題解決的不盡人如意，也同樣要說表達自己的感激之情：「雖然事情沒有完全解決，但我仍然很感謝你，謝謝你這麼熱心地幫助我。」這樣的感謝話，會讓同事覺得你是一個不錯的人，值得幫助。

在職場中，還存在著這樣一部分員工，當同事幫了他們的忙，他們非常想對其表示自己的感激之情，但是不知道該如何去說，就選擇了沉默不語。還有的員工，他們會向同事表示感激，但說「謝謝」的方式卻讓同事感到渾身不舒服。這兩種員工就是沒有掌握說「謝謝」的方法。其實，想說好「謝謝」這兩個字並不是什麼困難的事情，也不需要太高深的技巧，只要記住以下兩點，就會很好地說出「謝謝」。

其一，說「謝謝」的態度要誠懇。我們一定要記住這一點：表達感激之情不是做表面文章，而是要發自內心的感謝。所以，你在對同事說「謝謝」的時候，握住他的手，看著他的眼睛，誠懇地說一聲「謝謝」，比送他一個貴重的禮物的效果要好得多。

其二，說「謝謝」要自然。在向同事說「謝謝」的時候，我們的表情要自然，說話一定要咬字清晰，不要猶猶豫豫、扭扭捏捏、含糊其詞，那樣會給同事做作的感覺。

一言千鈞

向同事說「謝謝」時，我們也要注意致謝的地區性。在美國，為一件事道謝，謝過一次就可以了，絕不能為同一件事不停地道謝；而在臺灣地區，為一件事道謝，可以謝過一次又一次，謝個沒完，「反覆致謝」可以表示自己的誠意。

人有失手馬有失蹄 真誠道歉才能挽回損失

辦公室中，同事之間難免會出現一些或大或小的矛盾，如果不即時解決問題，彼此間就會形成一道溝壑，很難填平。「冤家宜解不宜結」，尤其是幾乎天天見面的同事，出現問題時，要先從自己身上找原因，如果確實是自己做得不對，就要即時、真誠地向同事道歉，化干戈為玉帛。

「對不起」、「我錯了」、「很抱歉」等，短短三個字的道歉話語雖然看起來簡單，可是它的作用不是其他辭彙所能比擬的。

任偉強初入職場時，行政經理曾給他上過一課，讓他受益匪淺。

那天早上，他剛剛進入公司，還沒有走進自己的辦公室，就被行政經理叫住了。

「早安，任偉強，耽誤你幾分鐘，我和你說幾句話。」行政經理說道。

「好的，你說吧！」

「你昨天是不是約了小周晚上去他家看球賽？」

任偉強想了一下，突然一拍腦袋，說道：「哎呀，我同學昨天到這裡出差，我們很久沒見，晚上就一起喝酒去了，我把小周的事忘得乾乾淨淨的。」

「昨天下班後，我在超市碰見小周，他買了很多吃的，說是為你們看球賽準備的宵夜。今早我問他昨晚的球賽如何，他說很精彩，只是白準備了那麼多吃的，我覺得他有點不高興。」行政經理說道。

「那我現在應該怎麼辦？」任偉強心急地問道。

「去跟他道歉。」行政經理說道。

「什麼？道歉？」任偉強有些疑惑地問道。

「嗯，跟小周說『對不起』。」

「我不能說我把這事忘了，我得找個理由解釋一下。」

「不要找藉口，也不要過多地解釋，找理由會讓人覺得你的道歉不誠懇。你就真誠地向他道歉，他會原諒你的。」

「好的，我這就去。還有，謝謝你的提醒。」說完，任偉強便向小周的辦公室走去。

很久以後的一次公司聚餐上，小周在酒後，有些醉意地對任偉強說：「任偉強，你知道為什麼公司那麼多人，我就跟你最好，你有什麼困難我都幫你嗎？」任偉強搖搖頭。

小周說：「因為你那次放了我的鴿子，事後很真誠地向我道歉，一般男人做不到這一點，他們覺得沒面子。你不一樣，你敢說『我錯了，對不起』。就憑這一點，我就交定你這個朋友了。」任偉強聽後，心中暗暗慶幸自己當時聽了行政經理的話。從那以後，他也將道歉當成了一條職場守則。

事實上，道歉最重要的並不是說出「對不起」、「我錯了」這幾個字，而是勇於面對錯誤的勇氣。而且，任何情況下，當我們道歉時，不僅是為自己犯的錯誤負責，而且能夠即時保全自己在同事心目中的好形象。

美國的一位公關專家曾說過：「學會道歉是一個重要的社會技能，真誠的道歉將會使人們感受到人與人之間最美好的情感。」真誠地向同事道歉，是聰明員工的明智之舉，能展現自己良好的人品與修養。但是，真誠道歉也要注意說話方式，否則就發揮不出道歉的效果。

那麼，如何才能做到這一點呢？具體來說，我們可以從以下幾方面去做：

1. 即時道歉。

道歉一定要即時，這樣可以最大限度地彌補自己的過失。如果因為某些原因不能馬上致歉，日後也要抓住機會，即時表示自己的歉意。

2. 道歉的態度要真誠。

一位學者曾經說過：「在我最初的記憶中，母親對我講過，在向人道歉的時候，眼睛不要看著地上，要抬起頭，看著對方的眼睛。這樣對方才相信你是真誠的。」要想讓自己的道歉顯得真誠，就要有一個誠懇的態度。在道歉的時候，一定要用真摯的語氣，知錯的表情，充滿歉意地說一句：「對不起，我錯了，請原諒！」

3. 光明正大地道歉。

道歉時不要像小偷似的躲躲閃閃，生怕別人看見自己道歉。道歉不是什麼丟人的事情，所以沒必要東躲西藏、扭扭捏捏的，光明正大地道歉更容易讓同事感受到誠意。

4.道歉要實話實說。

向同事道歉時，我們不要誇大其詞，一味將錯誤往自己身上攬，往自己臉上抹黑，這樣，同事不僅感受不到真誠，反而會覺得虛偽。其實，道歉時只要實話實說，告訴同事自己錯在哪裡即可。

一言千鈞

職場中，有的員工會抱有這樣一種想法，認為只有犯了大錯時，才會無顏以對。其實不然，很多時候，越是微小的錯誤，越會讓人不好意思承認。因為大家認為，犯了這種幼稚的低級錯誤，本身就是件很難堪的事情，更不要說去主動認錯。這樣的想法讓很多人失去了道歉的勇氣，選擇了隱瞞錯誤、閉口不言等退縮方式。久而久之，他們就會忘記道歉是什麼概念，與同事的關係也會糟糕至極。

多與同事交流　不做辦公室中的「獨行俠」

一個員工的職場之路是否順利，主要取決於是否有這樣一個順暢的過程：是否善於和同事交流，在同事間是否受歡迎，是否能夠按照自己的計畫如期完成任務。其實，這個過程中的每一環節都是遞增的，「好的開始是成功的一半」，打好「善於和同事交流」的第一槍，取得最終勝利的機率才會大。

大學畢業前夕，林呈東就聽已經在工作的學長說過，「鐵打的營盤流水的兵」，要想在公司裡穩如泰山，有所發展，首先要有「只管自己門前雪，莫管他人瓦上霜」的工作原則，按照上司的要求，按時完成自己的工作任務就行了，其他的事情能不管就不管，以免招來不必要的麻煩。尤其是同事，除非工作需要，盡量別和他們說話，言多必失，少說少麻煩，這樣才能相安無事。

開始工作後，林呈東完全按照學長傳授的「秘訣」去工作。一方面學長是過來人，經驗不會有錯；另一方面，林呈東的性格比較內向，不愛和別人說話，相較和同事多聊天，少說多做的工作方式，讓他覺得更容易接受。因此，無論是方案研討會、經驗交流會等大小會議，還是平時的閒聊中，林呈東大多時候都閉口不言，除非同事問他有什麼看法和建議外，他往往堅守沉默是金的原則，悶頭研究自己手頭的工作。

剛開始，這種盡量少與同事交流的工作方式，確實讓他免去了不少麻煩。但是，慢慢地，林呈東發現，同事開始疏遠、孤立他了，無論是吃飯，平時聊天，還是週末的娛樂活動，幾乎沒有同事會主動邀請他加入，他與同事產生了距離，成為了辦公室中的「獨行俠」。更糟糕的情況是，在一些專案的企劃上，同事也不再詢問林呈東的意見，大家研討過，就直接交給上司審核了。

林呈東越來越焦慮：「現在，同事孤立我，上司也似乎對我有意見。有兩個同事比我晚來公司半年，一個加薪了，一個被調到別的部門當主任，只有我還是個企劃專員。是我的工作能力太弱？還是我得罪別人了？但我是嚴格按照學長教的方法去做的，怎麼會這樣？」困惑不已的林呈東去了職業諮詢室。

聽過林呈東的講述後，諮詢師為他指點了迷津：「少說多做，這種工作原則在一定程度上是很有道理的，也是可行的。與那些愛出風頭，喜歡表現自己的員工相比，這種實幹型的員工被老闆『炒』掉的機率會很小，跟同事也很少會有矛盾，因為他們不存在搶上司、同事風頭的危險。但是，從自身發展的角度看，少說多做確實是塊很大的絆腳石。」

「為什麼？」林呈東不解地問道。

「因為你說得少，與同事交流少，彼此間就會有溝通障礙，你在辦公室的人際關係就會很糟糕。而上司也會意識到這個問題，會覺得你的溝通和管理能力很差，你想，哪個上司敢升這樣的員工？」林呈東聽後，恍然大悟。

週一上班後，林呈東一改往日不開金口的工作方式，他主動與同事打招呼。休息時間，看見同事們聊天，他也會湊過去聽聽，偶爾發表一下自己的想法；開會時，他也將自己的創意講出來，和同事探討。時間一長，同事們發現林呈東身上有很多優點，開始接納他了，林呈東心中有說不出的高興，工作也越來越賣力。

其實，與同事交流不僅僅是說話聊天那麼簡單，而是交換新資訊、新思想、新意見的過程。透過這樣的交流，不僅加深彼此的感情，而且會激發你更多的工作靈感。交流也有很多學問，我們可以借鑑以下幾種方法：

1. 選好交流話題。

一個好的話題可以讓你迅速加入同事的交流隊伍。一般來說，將最近發生的新聞、周圍出現的新鮮事、大家比較關注的問題做為話題，是很不錯的選擇。比如，房價、交通問題等，都可以激發同事的興趣。如果是假期過後，還可以和同事聊一聊假期是怎麼過的，這會讓同事越說越興奮。

另外，面對不同年齡的同事，要選擇恰當的話題。和年紀小一點的同事聊天，數位電子產品、衣服、娛樂新聞等趣味性、時尚性較強的話題都不錯。而與有孩子的同事在一起，話題大都是柴米油鹽、教育孩子，你可以聽他們說說物價的漲跌和教子經，適當地插幾句話。和年紀大的同事聊天，你的姿態就要低一些，要流露出請教的態度，讓他覺得你希望聽到他的經驗和指點。

2. 端正交流態度。

與同事交流時，即使你的情緒低落、身體疲憊，也不要敷衍了事，一副心不在焉的樣子，一定要有一個好的交流態度。否則，同事心中會犯嘀咕，認為你不願意與他聊天，可能會因此得罪他。

3.避開交流禁區。

與同事交流時，如果內容涉及到其他同事的隱私，保持沉默並不是一個非常好的方式，最好適當地附和幾句：「這樣啊！」、「是嗎？」但是千萬不要大肆地發表自己的意見，也不要傳播，聽過就算了。

4.注意交流姿勢。

與同事交流時，肢體語言也很重要。如果是站著聊天，不要總是用腳拍打地面，這樣會讓同事認為你對他的話心不在焉，敏感的同事還會覺得你對他有意見。如果是坐著交流，不要把腳抬得很高，並不時地搖晃，這樣容易會給同事留下不懂禮貌、沒有修養的壞印象。

一言千鈞

很多員工與別人交流時喜歡用「我」字開頭，比如：「我覺得……」「我是這樣想的……」「我不同意……」等。其實，在很多情況，這種「我」字當頭的交流方式會讓人感到不舒服。因為在一場談話中，一個張口閉口都是「我」的人是很不惹人喜歡的。正因為如此，古希臘著名哲學家蘇格拉底很少說「我想」，而說「你看呢」，我們也要將此運用到與同事的交流中，為交流增色。

即時化解同事遭遇的尷尬

職場中，尷尬的事隨時可能發生，稍不注意，自己或同事就會出醜。沒有人喜歡出「洋相」，但誰也不能預知將會出現什麼樣的意外。有的同事遭遇尷尬後，會自嘲地一笑，事情就過去了。但很多人出醜後，會難以釋懷，總是想著那件尷尬事，輕則自己無心工作，重則情緒化，影響辦公室和諧的工作氛圍。

佳盈是一個時尚靚麗的白領，她最大的愛好就是追求時尚。她經常買一些時尚雜誌看，在網上查看最新流行的時裝，一到週末，就是她瘋狂購物的時間。皇天不負苦心人，每次佳盈穿著精心挑選的衣服走進公司大樓時，總會贏得很多讚賞的目光。

但這一天，佳盈的心情很不爽。早上，她穿著一件新買的條紋衫，美美地坐到電腦前，卻意外地發現，對面的阿微穿了和她一模一樣的條紋衫。平時，佳盈總是嘲笑阿微的打扮，說她的審美有問題，總是穿得像鄉下小妹一樣。所以，當她看見自己和阿微居然「撞衫」，就覺得非常難堪：「難道我的品味變低了？居然和阿微買了一樣的衣服？別人會怎麼看？會不會取笑我也像鄉下小妹？」

佳盈越想心情越壞，她覺得周圍的同事都在偷偷看自己。佳盈正想著，阿微開口了：「哎呀，佳盈，我們的衣服很像啊！真是英雄所見略同，我們居然穿了姐妹裝。也不知道是我的品味上升了，還是妳的審美眼光下降了。」阿微的話打破了辦公室的寧靜，同事們紛紛將目光投向她們的衣服，還有人小聲議論起來。

佳盈終於忍無可忍，心中的火山爆發了，她開始「還擊」，阿微也毫不示弱。辦公室立即展開了一場「撞衫鬥嘴大賽」，同事們被她們吵得無心工作。最終，還是部門經理即時來化解了兩個女人的「戰爭」，讓辦公室恢復常態。

其實，當發現佳盈和阿微撞衫時，如果有人能主動站出來化解這場尷尬，就不會出現辦公室大戰的鬧劇。尷尬總是不可避免的，那麼，當同事遭遇尷尬、深陷窘境時，做為同一戰場的戰友，該如何用自己的三寸之舌化尷尬於無形之中呢？一般來說，我們可以使用以下幾種方法：

1.幽他一默。

同事遇到十分尷尬的場面時，你可以用詼諧的話語，幽他一默，就可以打破僵硬的氣氛，使同事脫離窘境、轉危為安。

2.腦筋轉個彎。

化解尷尬往往需要急中生智、隨機應變，否則，不僅無法幫同事解圍，反而會讓自己也陷入窘境。因此，我們要即時讓腦筋轉個彎。

衛輝是辦公室中的機靈鬼，只要有他，就沒有解決不了的難題。他也是化解尷尬的高手，有時候，兩個同事吵得不可開交，彼此僵持不下，他的三言兩語，就能讓兩個人握手言和。

一次，黃姐帶兒子到公司玩。這個男孩特別淘氣，一會兒的工夫，就把別人桌上的水杯摔破了，弄得滿地碎片。黃姐大怒，抬手就打了兒子的頭，聲音非常大，兒子立刻號啕大哭。黃姐喊了兩聲「不許哭」，但兒子並不買帳，聲音反而越來越大。黃姐站在一旁，打也不是，哄也不是，非常尷尬。

這時，一旁的衛輝站了起來，對黃姐大聲喊道：「妳怎麼可以打孩子？」

黃姐這個急脾氣更是怒不可遏，剛要大發雷霆，只見衛輝攔著孩子的肩膀說道：「妳知道妳這一巴掌耽誤多大的事嗎？妳兒子原本可以當公司總裁的，就這一巴掌，把一個財力雄厚的總裁打沒了。」

周圍的同事哄堂大笑，小男孩也破涕為笑，黃姐見狀，怒氣全沒了，她笑著說道：「兒子，媽今晚給你做紅燒肉，好好補補，要不以後你當不上總裁，你衛叔叔都饒不了我。」大家又是一陣大笑。

事後，有同事對衛輝說：「那天真夠玄的，你剛說出第一句話，我嚇了一腦門的汗。」

衛輝說：「我就看不慣家長打孩子，但話一出口，我也覺得不太妥當了，可是又不能把話收回去，於是，我就靈機一動，讓腦筋轉了個彎，化解了尷尬，要不，我自己也下不了臺。」

3.找個相同點。

有時候，大家在一起開會研討某個問題，兩個同事可能會因為觀點不一致而吵架，互不相讓，使場面異常尷尬。面對這種情況，我們可以用找個共同點的方式來化解尷尬。

一般來說，會議都是針對某一專項問題而開的，透過會議來討論解決方案，其中必有一些相似之處。因此，我們可以先分析一個同事的看法，再羅列另一個同事的想法。例如，你的想法是甲乙丙，他的主張是甲丙丁，其實，你們都認為甲與丙是正確的。找出共同點後，我們就可以讓他們針對這個點加以討論，從而打破尷尬局面。

一言千鈞

從某種意義上說，即時幫助同事化解尷尬，也是有正氣和義氣的一種表現。缺少這兩氣的人，是很難交到朋友，擁有好人緣的。

不要蠻不講理，要以理服人

同事，不單單是和我們一起共事的人，也是每天與我們相處時間最長的人。同事關係的好壞也會影響到我們的生活品質。如果我們在公司和同事發生了爭執，回家後，心情會很鬱悶、煩躁，甚至將火氣轉移到家人身上，影響家庭和諧。因此，不論是為了有個好的工作環境，還是為了良好的家庭氛圍，我們都要處理好同事關係。

同事相處，會不可避免地出現一些或大或小的分歧、爭執或矛盾，遇到這種情況，我們要積極解決問題，以理服人、以情動人，千萬不要蠻不講理，激化矛盾。

張佳好最近十分心煩，因為公司來了一個處處和她作對的新同事。這個同事剛來半個月，可是，在這麼短的時間裡，他幾乎和公司的每個同事都發生過口角，因為別人和他不是同個部門，所以就沒有出現太大的衝突。但張佳好和他在一個辦公室，三天一小吵，五天一大吵，矛盾重重。

一天，張佳好正在做一張報表，新同事拍了拍她的肩膀，説道：「我要去樓下一趟，市場部的劉德桐一會兒可能過來交一筆貨款，妳幫我記一下帳。」張佳好雖然心裡不情願，但礙於情面，還是答應了。劉德桐交完貨款後，張佳好認真地記好了帳，沒想到，這次的幫忙卻給她惹上了麻煩。

月末核對款項時，新同事的帳單出現了問題。他對經理説肯定不是自己弄錯了，是有人在他的帳上動了手腳，矛頭直指向張佳好。張佳好心中壓抑已久的火氣全部爆發出來：「飯可以亂吃，話可不能亂説。你也是三十多歲的人了，怎麼張嘴就説瞎話。我們平時是有矛盾，但我也不會這樣報復你。你心胸狹窄，暗地裡給別人使壞，就以為別人都和你一樣，你説你像話嗎……」

新同事聽後，臉上顯出一副委屈的樣子，説道：「反正我是新來的，妳怎麼説，別人都會信妳。經理，妳怎麼處理，我都接受。」

「少在這裡裝可憐，你平時和我吵架的時候不是很囂張……」

「夠了！張佳好，妳不要咄咄逼人。」經理打斷張佳好的話，繼續説道：「妳不要這樣對新同事，傳出去，對我們公司的影響不好。這個帳的問題還得繼續調查，為了保險起見，妳最近可以休息一下，等調查結束後，我再安排妳的工作。」

其實，張佳好本來是有理的一方，完全可以將這個問題解釋清楚。但是，她急於發洩心中的怨氣，就口不擇言，慢慢地變得蠻不講理，開始對新同事進行人身攻擊。這讓她變得被動，處於不利地位，最終被停職。

雖然與同事相處總會出現矛盾，但是我們一定要理性處理，不要非得出了心中那口怨氣，討個說法才肯甘休。常言道：有理走遍天下。如果你的做法是正確的，完全可以跟同事講明道理，以理服人。再來就是用感情打動同事的心。以感情為主，道理為輔，再難纏的同事也會被你搞定。

職場中，除了以理服人、以情動人之外，我們還要記住一點：不能得理不饒人。如果一個員工仗著自己是有理的一方，就抓住對方的錯誤不放，用盡刻薄語言羞辱對方，那麼，其他同事就會轉換陣地，站在對方的一邊。而且，同事們會覺得他是個不給別人餘地的小人，會對他產生防備心理。而被他傷了自尊心的同事，也會對他懷恨在心，可能還會伺機報復。因此，我們要寬容一些，得理也要讓三分。要做到這一點並不難，我們只要學會從對方的角度考慮問題，心胸自然會變得寬廣。

寺院中，慧心和慧林為了一件小事吵得不可開交，誰也不肯讓誰。慧心怒氣沖沖地去找住持評理，住持聽完他的講述後，拍拍他的肩膀說：「你是正確的！」慧心高興地跑回去宣揚。

慧林知道後，心理很不服氣，也跑去找住持評理。住持聽完他的敘述之後，摸摸他的頭，說道：「你是正確的！」

等慧林歡呼雀躍地離開後，一直跟在住持身旁的慧中沉不住氣了，他不解地問住持：「住持，佛經上說，出家人不打誑語。您平時不是也教我們要做誠實的人，不可說違背良心的謊話嗎？可是，您剛才卻告訴兩位師兄，他們都是對的，這豈不是違背了佛祖的教導？您不也成了說謊的人嗎？」

住持聽完後，不但沒有生氣，反而微笑地對慧中說：「你是對的！」慧中愣了一下，突然頓悟，立刻拜謝住持的指點。

其實，從每個人的角度來看，他們的行為都是正確的。只是因為每個人都堅持自己的主張或做法，無法將心比心，站在別人的立場為他人著想，矛盾與爭吵就無可避免了。如果能夠推己及人，凡事都以「你是正確的」來為別人考慮，內心自然會寬廣，得理甚至會讓五分，矛盾也會迎刃而解。

一言千鈞

任何高談闊論都大不過一個「理」字。無論是微不足道的小問題，還是涉及要害的大問題，我們要想讓同事心服口服，就需要說出一番讓人從內心贊同的道理。

對待辦公室的「惡人」也不要口出惡語

在職場江湖中，各色人等均有，其中不乏一些「惡人」。

什麼樣的員工算職場「惡人」呢？這沒有一個絕對的劃分標準，「惡人」是相對善人而言的。有人曾對此下過一個定義，職場中的善人：「努力工作，沒有惡劣行為，對團隊不會造成傷害，對制度不會造成衝擊。不會影響其他的人的工作情緒，不會給上級帶來麻煩並支援上級領導的工作，能夠主動團結周圍的同事，並做出分享。」

職場中的惡人：「純粹為個人利益而工作，忽視他人利益。無事生非，不遵守相應的制度，喜歡投機取巧，易給上級帶來麻煩。習慣性質疑上級所做的決定，很少主動配合上級領導的工作。」

鄭潔瑩是一所知名大學的高材生，畢業前夕，有不少大公司向她發出工作邀請。她經過權衡，選擇了一家中外合資的企業，讓同學們羨慕不已。然而，在一年後的同學聚會上，鄭潔瑩卻沒有了當年的神采奕奕，而是眉頭緊鎖、心事重重。大家一問，才知道鄭潔瑩在工作中遭到了一個「惡人」的排擠。

原來，鄭潔瑩進入那家公司後，一直表現不錯，很受上司的器重，與同事的關係也很融洽。但是好景不常，六月中旬，公司招來了一批新員工，其中一個叫王芳紅的被分到鄭潔瑩的部門。

起初，鄭潔瑩和王芳紅相處得還不錯，兩個人經常一起探討衣服、化妝品等話題。但沒過多久，鄭潔瑩就發現王芳紅不僅暗中搶自己的客戶，還在同事間散播謠言，說自己與上司的關係不正常。好在客戶與鄭潔瑩的關係比較好，同事們也比較瞭解鄭潔瑩的為人，王芳紅的好多「陰謀」都沒能得逞。

半個月前，原定與部門經理一起出差的人是鄭潔瑩，但出發前一天，卻換成了王芳紅。鄭潔瑩知道一定是王芳紅暗中搞鬼，但苦於沒有證據，只好忍氣吞聲。然而，事情的發展比鄭潔瑩想的更糟。

經理出差回來後，對鄭潔瑩的態度有了一百八十度的大轉彎，開始冷落她。以前，經理總是在員工面前大加讚賞鄭潔瑩，現在卻處處挑她的毛病。鄭潔瑩想：「也不知在出差的那段時間裡，王芳紅用了什麼樣的手段在經理面前詆毀自己。」

她越想越氣，怎麼看王芳紅都不順眼。終於，鄭潔瑩心中的火山因為兩人的一次小摩擦而爆發了，她將自己的怒氣全部出在王芳紅的頭上，甚至用了一些刻薄的惡語。恰好部門經理路過辦公室，他皺著眉頭，對鄭潔瑩說道：「別人說妳的品行有問題，我還不太相信。但今天聽見妳說的這些話，妳身上的問題還真不小。」鄭潔瑩聽後，欲哭無淚。

「其實，我今年本來很有希望升職的，但是現在這麼一鬧，別說升職，飯碗都不一定保得住。我現在看見王芳紅心裡就打顫，她實在太陰險了！一步步把我引向圈套。唉！」鄭潔瑩深深嘆了一口氣，眼中盡是哀愁。

故事中的王芳紅就是辦公室「惡人」的典型代表，她喜歡搬弄是非、挑撥離間、打小報告，其最終目的就是想讓「被害者」身處困境，自己趁機得到一些利益。她屬於暗地搞鬼的「惡人」，除此之外，辦公室還會有這樣一些「惡人」：

1.自以為是的「惡人」。

這種「惡人」會有「我就是地球，所有人都得圍著我轉」的思想，他們目中無人，經常口出狂言，總認為自己是天才，別人是蠢才。他們會用盡刻薄之語打擊、排擠同事，將功勞攬在自己身上，麻煩全部推給別人。

2.兩面三刀的「惡人」。

這種「惡人」就是我們常說的笑面虎。他們表面上對人和氣，卻在背後捅人一刀。說起話來比蜜都甜，下起手來比狼都狠，屬於吃肉不吐骨頭的「惡人」。思想單純的人會被他們哄得團團轉，用老百姓的話就是「把別人賣了，別人還幫他數錢」。

3.傳播是非的「惡人」。

這種「惡人」是辦公室中的「情報局」、「大嘴巴」，以女性居多。他們喜歡四處探聽別人的隱私，然後在辦公室中將其公之於眾，有時還會添油加醋地說一些捕風捉影的事情。

4.見風轉舵的「惡人」。

這種「惡人」屬於牆頭草，哪邊風大就往哪邊倒。他們會觀察辦公室中哪個同事的風頭比較勁，和上司的關係好，就會主動靠過去，阿諛奉承。一旦風向改變，這個同事「失寵」，他們就會立刻將其拋在一邊，尋找下一個目標。

5.胸有妒火的「惡人」。

這種「惡人」的嫉妒心很強，自己怎樣風光都可以，別人一旦有點成就，他們就會心情煩躁，會想方設法地將別人的風頭壓下去，讓自己處於高地。

6.有仇必報的「惡人」。

這種「惡人」的做人原則是：「人若犯我，我必將雙倍奉還。」你罵他一句，他還你兩腳；你拍他一下，他給你兩槍。這種人的心胸很狹隘，只要有人讓他不痛快，他就會讓人痛不欲生。

有善人就必有惡人，有君子就定有小人。面對辦公室中的「惡人」，我們不要以牙還牙，用盡惡語還擊他，這很可能會讓我們遭遇鄭潔瑩的情況。

那麼，我們該如何應對辦公室「惡人」呢？

首先，不要受別人的鼓動。一般來說，有的「惡人」其實並不是你工作中最可怕的敵人，因為這種以害人為樂的「惡人」通常沒什麼前途可言，與他們較勁會有損自己的身價。要是有人鼓勵你與這種「惡人」對抗到底，那麼，他可能才是最陰險的「惡人」。很多職場菜鳥都有被人當槍使的慘痛經歷，就是中了這種「惡人」的圈套。

其次，認真努力地工作是最好的抵抗方式，也就是用實力說話。「蒼蠅不叮無縫的蛋」，如果一個員工的工作中經常出現問題，就會給「惡人」下手的機會。所以，我們要提高自己的工作能力，這是打敗「惡人」最銳利的武器。

當然，人有失手馬有失蹄，當自己的工作不幸出現了問題，「惡人」趁機作祟時，我們應當冷靜、鎮定一些，用比較委婉的說話方式，點撥、警告那些「惡人」，讓他們自動認輸。

另外，我們也可以與其他同事建立統一戰線，將「惡人」孤立起來。這樣，即便他挑撥你與同事的關係，同事也會因為信任你，而不為他所動。

一言千鈞

一般來說，當我們與「惡人」同事之間有了一些衝突時，只要不是大是大非的原則問題，智慧的做法就是盡量不去與其爭執、激化矛盾。用幽默、含蓄等說話方式給「惡人」敲敲警鐘，比大聲的責罵效果要好很多。

第4堂課

技壓對手

唇槍舌劍笑傲談判江湖

字字珠璣，做個犀利的談判高手

隨著市場經濟的發展，商業活動越來越多。在相互合作與洽談中，商務談判的作用越來越突出。商務談判是指「不同的經濟實體為了自身的經濟利益和滿足對方的需要，透過溝通、協商、妥協、合作、策略等各種方式，把可能的商機確定下來的活動過程。」在這樣的談判過程中，雙方的「硬體」，包括產品品質、公司信譽、營運優勢等主觀因素起著重要作用，但從另一個角度來講，商務談判也是兩家公司的談判人員運用語言表達合作意向、促成合作的過程。因此，在商務談判中，靈活自如地運用口才這個「軟體」，會提升談判勝利的機率。

一般說來，犀利的談判高手在商業談判中會這樣說話：

1. 清晰地表達自己的意圖。

犀利的談判高手可以將自己的意圖清晰地表達出來。談判雙方代表坐在一起，討論一項合作內容，首先要介紹各自的想法、條件等。能否用話語將這些準確、簡明扼要地說出來，會直接影響談判的最終結果。一般來說，口才好的談判人員在陳述某一問題時，會突出主題、邏輯清晰、言簡意賅。如果是重要問題，他們還會解釋得比較細緻、具體。而且，他們會盡量少用一些對方不瞭解的專業術語，以免讓人聽得雲裡霧裡、不知所云。

2. 掌控話題。

一些新員工經驗不足，在與合作對象的談判過程中，會無法掌控話題。他們往往會跟著對方的思路走，去議論容易產生分歧的話題，這樣就會不可避免地產生爭論，有的員工甚至會與對方辯得面紅耳赤，合作也就無從談起了。而經驗老到的談判高手，首先會隨著對方的想法，展開一些討論，但他會適時地將話題引到談判上，這樣，既不會偏離主題，又營造了一個良好的談判氛圍。

3. 說服對方接受自己的主張。

在談判中，談判雙方常常為爭取各自的利益而唇槍舌戰一番。犀利的談判高手能夠說服對方接受自己的主張，讓其做出讓步，最終贏得談判。

美國人圖拉德是一個談判高手，他有很強的說服能力。一次，他聽說阿根廷需要在國際市場購買兩千萬美元的丁烷氣體，就想談成這筆生意，但他的實力遠不如競爭對手。所以，他採取了曲線談判的方式。他得知阿根廷牛肉過剩，便以買兩千萬美元牛肉為條件，說服阿根廷政府把丁烷生意合約給他。接著，他飛往西班牙，找到一家因缺少訂單而瀕臨關閉的造船廠，以訂購一艘造價兩千萬美元的超級油輪為條件，說服這家造船廠購買他買下的阿根廷的兩千萬美元牛肉。

隨後，他直奔費城太陽石油公司，以購買兩千萬美元的丁烷氣體為條件，說服該公司租用他在西班牙建造的兩千萬美元的超級油輪。就這樣，圖拉德靠著超強的說服能力，實現了他進入石油業的願望。

4. 不說質疑客戶水準的話。

談判過程中，有的談判人員擔心客戶聽不明白自己所說的話，就不斷說這樣的話：「你明白我的意思嗎？」「你知道我在說什麼吧？」「我的話，你能聽懂嗎？」「這個問題有點難，你能明白我的解釋嗎？」這種帶有質疑口氣的問話會讓對方很反感，繼而影響談判的氛圍。

從談判心理學來講，一直懷疑客戶的理解能力，客戶的心中就會產生不滿，因為他們覺得這種問話方式是對自己的不尊重。所以，談判高手是不會說出質疑客戶水準的話，他們往往會這樣說：「我這樣說，您可以接受嗎？如果我的表達有問題，讓您產生疑問的話，您儘管提出來。」這樣的說話方式，會讓客戶感到自己備受尊重，彼此合作的機率也會很大。

「會說話，能賺錢」，在商務談判中，犀利的口才可以讓我們贏得更多的合作機會，為企業創造更多的利潤。正如美國前總統柯林頓的首席談判顧問羅傑．道森所說：「全世界賺錢最快的辦法就是談判！」為什麼這麼說呢？因為談判爭取到的每一分錢都是純利潤。比如，公司的主打產品通常售價是五百元，如果員工的談判水準很高，將產品以六百元銷售給合作夥伴，則提高的一百元完全是純利潤。

美國通用汽車是世界上最大的汽車公司之一，這家公司曾有一個叫「羅培茲」的採購部經理，在他擔任經理的半年時間裡，為公司賺得了二十億美金的純利潤。他是如何取得這麼好的業績的呢？答案就是談判。

眾所周知，汽車是由許多的零部件組成，而且大多是外購件。在半年時間裡，羅培茲只做了一件事，就是把全部供應配件的廠商請來談判，他說：「我們公司的信譽很好，而且規模越來越大，配件的用量也逐漸增多。所以，我們覺得有必要重新評估配件價格。如果你們不能給出一個合理的、讓我們滿意的價格，我們就會立刻換合作夥伴。」幾輪談判後，羅培茲勝利了，他降低了配件的進口價格，在半年的時間裡，他為通用汽車省下了二十億美金。

一個犀利的談判高手不但可以決勝談判桌，而且在工作中也會春風得意。因此，我們要注重平時的口才訓練，提升說話能力，讓自己逐漸變成一個字字珠璣的談判大師。

一言千鈞

要想成為一個談判高手，我們就要注重語言表達能力的培養，因為準確清晰地說出企業、產品、合作條件等，能夠有效地說服對方簽下合約，與其達成合作，成為談判中的大贏家。

談笑風生，營造良好的談判氛圍

談判氛圍又被稱為「談判環境」，任何商務談判都有其獨特的環境：有的是非常緊張、劍拔弩張的；有的是十分友善、充滿笑聲的；有的是節奏平緩、曠日持久的；有的是言簡意賅、快速談成的。有人認為，談判氣氛並不重要，僅僅只是一個小細節，其實不然。

不同的談判氛圍對談判結果的影響也是各異的，充滿歡聲笑語的友好氛圍能減少談判中的緊張情緒，在這樣的氛圍中，談判雙方都會少一些敵對情緒，多一絲合作意願，會將談判拉到達成合作的區域中。反之，在嚴肅緊張的氛圍中，談判雙方很容易產生猜忌和防禦心理，可能會將談判帶進一拍兩散的危險地帶。

良好的談判氣氛，要從雙方見面起就開始營造。一般來說，不能雙方剛寒暄完畢，就馬上進入主題，這樣會讓現場的氛圍比較嚴肅。在進入正式談判前，最好說一些題外話。比如：如果對方是從外地來的，我們就可以跟他聊聊旅途中的一些見聞；可以聊聊最近發生的新鮮事或輕鬆的新聞；對於比較熟悉的談判人員，我們可以跟他們敘敘舊，關心一下近況等。

另外，從營造良好談判氣氛的角度來講，還有一個說話禁忌就是口出狂言、口若懸河。如果一個員工說話時表現得自大輕狂、目中無人，就會招致對方的厭煩，甚至會回擊他。而嘴巴說個不停，不給對方說話的機會，就會失去瞭解對方的機會。所以，我們要把握好營造氛圍的說話方式，給談判開一個好頭。

華納傳播公司（後來發展為時代華納）的創始人史蒂夫．羅斯是一個很有傳奇色彩的企業家。創立該公司前，羅斯還在從事殯儀館業務。羅斯放棄原有工作，準備進入更大規模的行業時，制訂了一系列計畫。其中一個計畫是幫助一家小型汽車租賃與凱撒．基梅爾談一筆生意。後者在紐約市內擁有大約六十個停車場，羅斯希望基梅爾允許那家汽車租賃公司使用他的停車場停車，租車的客戶可以免費使用停車場。做為回報，羅斯打算給基梅爾提成租車費。

談判開始前，羅斯徹底瞭解了基梅爾，在各個方面資訊中，有一條引起了他的注意。基梅爾是個超級賽馬迷，擁有自己的馬，並讓牠們參加比賽。羅斯知道一些賽馬的事，因為他的一個親戚也養馬，並且也參加賽馬。

當羅斯走進基梅爾的辦公室，準備談判時，他做了一件事，此舉被後人稱為「史蒂夫．

羅斯經典談判招數」。他很快環視了整間辦公室，眼光停留在一張外加框的照片上，照片是基梅爾的一匹馬站在一次大規模的馬賽冠軍組中。他走過去，仔細看了一會兒，然後故作驚訝地喊道：「這場比賽的二號馬是莫蒂·羅森塔爾（羅斯的親戚）的！」聽了這話，基梅爾一下來了興致。兩人話語投機，後來聯手進行了一次非常成功的風險投資。那次成功投資的實體最終發展成為羅斯的首家上市公司。

談判是一件競爭性很強的事情，雙方站在各自的立場，為爭取各自的利益而費盡心思。而良好的談判氣氛的作用就好比是「潤滑油」，可以有效地疏通彼此的心理阻塞，給雙方減少交流困難，甚至可能加快談判進展。所以，我們要主動並善於製造融洽的、對自己有利的談判氛圍。

一言千鈞

一個輕鬆愉悅、和諧融洽的談判氣氛，往往需要談判人員認真思考、隨機應變、煞費苦心，但有時一兩句話就可能將其破壞。所以，在談判時，我們在說話方式、態度、措辭上都要謹慎一點，即便討論中出現分歧，也不要大動肝火，說出偏激的話，要盡量用柔和的方式化解異議，逆轉談判氛圍。

拋出問題，瞭解談判對手更多資訊

在商務談判中，適時地向對方拋出有針對性的問題，是促成談判成功的一種有效策略。提問可以表明提問者比較關注和重視的問題，比如：「你們公司對產品的暢銷程度有多大把握？」這個問題表面是要對方回答對暢銷程度的估算，但更深層的意思是向對方傳達了提問者擔心銷路有問題的資訊，如果再加重一點語氣，就說明提問者非常重視這個問題。另外，提問也可以縮短對方的思考分析時間，從而讓提問者瞭解對方更多有價值的資訊。

因此，為了讓談判勝利的機率大一些，我們應該好好研究一下提問的技巧：

1. 選擇恰當的提問方式。

在商務談判中，提問方式是非常多的。比如：澄清式提問：「你剛才說對這個專案的彈性很大，條件可以再商談，這麼說，你就是這個專案的最終決策人？」；誘導式提問：「我看給我們公司的產品進價可以優惠百分之二十，你們一定會同意的，是嗎？」；藉助式提問：「對於此次合作，你們公司的專案總監劉總是怎麼認為的呢？」；探索式提問：「這樣營運這個專案，可行性高嗎？」；協商式提問：「如果一次訂購你們五千件產品，你方就給我方打個六折，怎麼樣？」等。我們要視不同的情況，選擇合適的提問方式。

2.表明提問意圖。

一般來說，提問者拋出問題，目的就是希望對方提供自己不瞭解的資訊。比如：「這個產品的一般售價是多少？」「你們準備針對什麼樣的人群銷售產品？」提出這類問題時，如果發問者不能清楚表明提問意圖，很可能引起對方的不安與揣測。比如，雙方在談判商品的進價問題，如果甲方在提出了自己對進價的要求後，再詢問乙方的看法，那麼，乙方心裡就會很有底，他會根據甲方提供的要求，做出謹慎的回答。但如果甲方並沒有說明自己的要求，直接就問乙方要給出什麼樣的進價，那麼，乙方很可能心中感到不安，因為他不知道甲方葫蘆裡到底賣的什麼藥，對進價的底線是什麼，他很可能會說出讓甲方不滿意的回答，讓談判處於僵局。

3. 注意提問時機。

問得好不如問得巧，即使提的問題再好，但如果時機不對，也同樣起不到理想中的效果。一般來說，有經驗的談判者會挑這樣的時機提問：在對方陳述完畢後發問；在對方說話的空檔或停頓時發問；在自己發表意見的時候提問，當輪到自己說話時，可在講述自己的意見之前，針對對方剛剛的發言進行提問。

4. 提問的頻率不要太多。

提問者最好一次只向對方提一個問題，而且，問題與問題之間應該相隔一段時間，盡量不要連續拋出多個問題。頻率過高的發問會讓對方有一種被審訊的感覺，會產生厭煩心理。

5. 提問語速要適中。

提問時，如果發問者的語速太快，對方會有「他很急躁，有點不耐煩」的感覺，容易引起對方的不滿；而語速太慢，容易使對方感到沉悶、昏昏欲睡，從而減弱了提問的功效，達不到最終的發問目的。

6. 挑好問題再發問。

在談判中，發問者要認真考慮提問的內容和角度是否合適，既要有代表性又不能使對方尷尬。一般來說，這樣的問題不宜在談判中提出：帶有敵意、攻擊性的問題；有關對方的私人生活問題；質疑對方人品，有人身攻擊性質的問題。如果發問者不小心拋出不合適的問題，使對方處於難堪境地，就要立刻終止這個話題，說幾句圓場話，然後迅速換下一話題。

7. 提問不要太直接。

在談判過程中，即使提問者拋出的問題不觸及對方的禁忌話題，也不要太直接地提問，要含蓄、委婉一點，這會讓對方感覺自己受到了尊重，有助於營造融洽的談判氛圍，讓談判向好的方向發展。

周仲通與一家電子科技公司談一筆電腦的生意。對方提出：「每臺電腦，我們最多給你加五十美元，否則我們不會考慮與你們合作。」看著對方絕不退讓的態度，周仲通想，如果直接駁斥他的話，很可能就會搞砸這筆生意。於是，他用了一種委婉的說法：「這樣吧，在價格上，按照當初談的價錢，我再給你們每台電腦配一盒高級電腦清洗液，你覺得怎麼樣？」

對方聽後，沉思片刻，同意了周仲通的條件。

電子科技公司的談判人員提出的要求過高，令周仲通無法接受。如果周仲通直截了當地拒絕對方的要求，就會破壞談判氛圍，甚至惹惱對方，從而導致談判失敗，對周仲通沒有一點好處。為了讓談判繼續進行，周仲通採取了委婉的提問方式，在拒絕對方的同時，適當地給予了對方物質上的補償，滿足了其心理需求，最終做成了這筆生意。

8.不要「逼」對方回答問題。

有的時候，發問者提出問題，對方會因為某些原因而打太極，給出一個模稜兩可的答案。遇到這種情況，發問者就不要打破砂鍋問到底，非要讓對方給出一個明確答案，這可能會觸發僵局或引起衝突。發問者可以透過旁敲側擊的方法瞭解對方的資訊，或者將這個問題放一旁，等有合適的機會時再提問。

一言千鈞

除了可以獲取更多的資訊外，提問的作用還有很多，例如，詢問對方的意見：「你覺得這個條件可以接受嗎？」；鼓勵對方繼續講話：「你還有其他想法嗎？」；打破談判僵局：「這個問題先放一旁，我們換個話題，聊聊這個產品的市場運作方式，怎麼樣？」等。不同的問話，在不同的條件下，功效也各異，關鍵是在於談判人員要達到什麼目的，如何靈活運用。

機智應變，慎重答覆對手提出的疑問

學生時代，我們都曾做過這件事情：回答老師提出的問題。簡單地說，回答問題是一種陳述，將答案清晰地向對方講述。工作後，我們仍會不可避免地要回答各種問題，這時的回答就不是說出答案那麼簡單了，需要深思熟慮之後再做出答覆。

在談判中，回答問題的學問更加高深。因為談判中的回答不是孤立的，而是和提問有關聯的，談判者答覆的每一句話都帶有一定的責任，都可能被對手當成一種許諾。而且，同樣的問題，不同的回答，帶來的效果也是大相徑庭：回答得妙，也許會力挽狂瀾，把即將吹掉的生意拉回來；回答得糟，可能會錯失良機，眼睜睜地看著到嘴邊的鴨子飛了。

因此，我們有必要學習一些回答的技巧：

1.三思而後說，回答問題不要太快。

在談判中，有的談判人員會在對方的話音剛落，就迅速解答對方的疑問，以顯示自己公司的實力，這種做法是很不妥當的。談判中的答覆與普通的回答問題不同，並不是回答越快越好。談判對手所提的許多問題都是尖銳的，甚至是另有企圖的，如果回答者沒想明白對方的提問意圖，就照實回答，很可能就會掉入對方精心設計的陷阱中。因此，每回答一個問題，我們都要深思熟慮，特別是對一些可能會暴露自己底牌的問題，回答更要謹慎。即使是可以馬上作答的問題，也不能立刻做出答覆。

2.話到嘴邊留一半，不做全面的解答。

不做全面的解答就是指談判人員將答覆範圍變小，或只給出一半的答案。比如，對方問：「貴公司對我們給出的條件滿意嗎？」這時，如果立刻回答滿意，就會讓對方看出你的談判底線，你可以說：「對於前五項條件，我們沒有太大的異議，但其餘的幾項，我們還得考慮一下。」

3.不懂別裝懂，對難解的問題不要亂給答案。

談判人員並不是百科全書，有時儘管準備工作做得很好，也不免遇到刁鑽古怪的難題。面對這種情況，談判人員一定不要為了保全自己的面子而胡亂給出答案。這樣不僅會讓談判人員的顏面盡失，還有可能給公司造成巨大的損失，可謂得不償失。

面對不瞭解的問題，談判人員應坦誠地告訴對方，自己不清楚這方面的有關事宜，不能給出明確答案。這樣，對方會很欣賞你的坦誠，也會避免給公司造成經濟上的損害。

4. 一問三不知，適時地發揮「不知道」的功效。

談判是一個雙向的交流活動，雙方都在仔細地觀察對方的情緒、言語變化，以隨時思考應對方式。有的時候，談判人員可以乾脆不發表自己的意見，只用「不知道」作答，也會有很好的效果。因為「不知道」這個詞包含多重含意，會讓對方摸不透你的想法。

5. 反客為主，用反問回答對方的問題。

有的時候，談判人員遇到不好作答的問題，可以不直接回答對方，而是用反問的方式，變被動為主動。比如，對方問：「貴公司是否認真考慮過我們公司的意見呢？」談判人員可以避開對方的問題，反問道：「貴公司可曾仔細想過我們的提議呢？」或探索式地問對方：「您可以將貴公司的意見再講一次嗎？」以便瞭解對方的提問的真正意圖，然後給出比較保險的答覆。

一言千鈞

在談判中，對方提出的一些問題，談判人員會處於兩難境地：照實回答，就會透露出自己的一些重要資訊；拒絕回答，會有損對方的面子，也會讓談判陷入僵局。因此，學習一些應答的技巧，不僅可以遊刃有餘地應付對手拋出的難題，還能營造融洽的談判氛圍。

運用模糊話語，打好談判中的語言太極

網路中曾流傳過這樣一句話：「貌似、也許、可能、大概是這樣。」一般情況下，當有人不願意讓別人知道自己的真實想法，或對自己講述的事情沒有充分的把握時，總會用這句模稜兩可的話。很多時候，我們會對這種打太極的說話方式感到厭煩——不正面回答問題，讓人去猜測答案。但是，一旦將這種話語運用到商務談判中，就會發揮出推波助瀾的作用。

很多經驗老到的商務談判專家都認為：「商務談判時，針對問題的回答並不一定就是最好的回答。回答問題的要訣在於知道該說什麼和不該說什麼，而不必考慮所答的是否對題。」比如，對方問：「你們打算在這個專案上投資多少錢？」如果談判人員認為，先說出真實的投資數目會增加談判的難度，就可以運用模糊語言回答：「這要看貴公司的誠意和實力了，如果你們的專案可行性強，利潤可觀，我們當然也會給出與之相匹配的投資款項。」這樣一來，既回答了對方的問題，又不會透露自己的底牌。

除了可以隱藏自己的資訊，讓對方雲山霧罩外，在商務談判中運用模糊語言，還有以下

幾種重要作用：

1.刺探對方的「軍情」。

商務談判中，當對方急於知道你的底線，不斷拋出問題試探時，談判人員就可以運用模糊語言答覆他，或故意誤解他的意思，「逼」他一遍遍重述自己的問題，讓其情緒變得不穩定，他可能會一時心急，透露出很多自己公司的商業資訊。這樣，談判人員不費吹灰之力，就得到了對方的「軍情」。

2.「推卸」責任。

有的對手會在談判中提出一些目的性很強的問題，如：「如果產品的銷量沒有貴公司承諾的那麼好，我們的損失豈不是很大？」如果談判人員說：「我敢保證，肯定不會出現這樣的問題，我們公司對客戶是很負責的。」這樣一來，銷量一旦出現問題，談判人員的公司就會有不可推卸的責任。而運用模糊語言就可以將責任「推」得一乾二淨，讓公司不受牽連。

在一場商務談判中，劉經理問道：「你們這批產品的品質怎麼樣？」

黃易楊答道：「我們兩家公司也不是第一次打交道了，您是瞭解我們公司的，我們很注重信譽。與同類商品相比，我們公司的產品品質還是比較讓客戶放心的。」

劉經理繼續發問：「如果產品出現問題，你們是否包退包換？」

黃易楊不慌不忙地說道：「在用戶正常使用的情況下，產品出現技術故障問題，我們會派技術人員去維修。」

劉經理又問道：「別的廠商的產品保固期都是一年，你們這個怎麼才兩個月啊？是不是應該改一下？」

黃易楊說道：「我覺得我們的產品品質還是不錯的，如果您覺得有必要，可以適當地修改一下時間。」

在這場商務談判中，劉經理和黃易楊是長期合作夥伴，劉經理之所以在談判中提出產品品質問題，是為了讓黃易楊表態，願意全權負責因品質問題而引起的麻煩。黃易楊在回答劉經理的一連串問題時，如果直接拒絕他的要求，就可能弄僵整個談判氛圍，但要是答應了劉經理的要求，就可能使自己的公司蒙受經濟、名譽上的損失。所以，黃易楊在回答劉經理拋出的一連串問題時，使用了很多模糊語言，比如，「與同類商品相比」、「在用戶正常使用的條件下」、「我覺得」、「適當地修改一下時間」等，減少說話的絕對性和肯定性，給自己留了很大的餘地。即便以後出現產品品質問題，黃易楊也會有不用承擔全部責任的理由。

3.保全對方的面子。

當談判人員覺得對方不是一個很好的合作夥伴，但又不好直接說明時，就可以運用模糊語言。這樣，既保全了對方的面子，又達到最終的目的。比如，當對方講完合作條件後，談判人員可以說：「你們的條件很優厚，不過，我不是這個專案的最終決策人，所以不能給你明確的答覆。等我回去問問負責人的意見，再跟您聯繫。」

在商務談判中，運用模糊語言可以減少回答中的絕對性，讓談判人員的回答更具彈性、靈活性。那麼，使用模糊語言是否有技巧呢？談判人員可以參照以下兩種方法。

一種方法是偏離主題，說點風馬牛不相及的話語。有的時候，對方提出的某些問題，會讓談判人員很為難，既不能直接從正面回答，又不能拒絕回答。面對這種情況，有經驗的談判人員往往會用偏離主題的方法來回答。就是在回答問題時，故意繞開對方關注的內容，說點與問題無關的話，藉以躲開對方的逼問。比如，可以跟對方講一些看似與問題有關，實則無關的話題。高談闊論一番，表面上是回答了問題，其實根本與問題一點邊也沾不上。

另一種方法就是運用模糊辭彙，像「沒有意外的話」、「在正常情況下」、「大概需要」等，都屬於模糊辭彙，將這些詞語靈活地運用在商務談判，就會將模糊語言的效果發揮得淋漓盡致。

一言千鈞

適當地運用一些模糊語言，非但不會對談判結果產生不良影響，反而可以使談判人員的語言更靈活、真實，將談判的好勢頭轉到自己這邊。

拒絕有術，婉轉說出否定意願

有人曾給談判下了這樣一個定義：「談判就是一個以協商為手段，以互利為目標，透過雙方互有拒絕，又互有承諾而達成共識的活動過程。」經驗豐富的談判高手，在面對對方提出的不適宜的合作條件時，他們不會冷著臉，語氣生硬地說出「不」字。相反，他們會挑選委婉的語言、含蓄的方式、合適的時機，說出否定意願。這樣會將對方的心理傷害降到最小，給彼此都留有餘地。

以下是幾種商務談判中常見的拒絕技巧，談判人員可以借鑑一下：

1. 先揚後抑。

我們都有這樣的感受：當自己的某些要求被別人拒絕時，心中會有些不舒服，如果對方拒絕得比較含蓄，我們的鬱悶指數就會降低很多。談判也是如此。因此，為了將對方心中的不爽因素數量減到最少，談判人員要盡量避免用直接拒絕、全盤否定的話語將對方「打入冷宮」，以免其產生不滿心理。

談判人員可以運用先揚後抑的方法，也就是我們常說的「給個甜棗，再打一巴掌」。談判人員可以先從對方的意見中找出一些可取之處，給予讚賞和肯定，然後再陳述彼此的分歧點。這樣一來，由於對方先獲得了被肯定的心理需求，心中的敵對情緒就會減少很多。當談判人員表達出拒絕之意時，對方也不會產生太多的抗拒心理。

2. 拋出問題。

拋出問題的拒絕方法，就是面對對方的不合理要求時，談判人員可以向其拋出一系列的問題。這些問題會讓對方明白，他的對手不是「任人宰割的羔羊」。而且，這些連珠炮似的問題會讓對方意識到自己提出的要求確實有些過分。

一家食品加工企業曾與日本的一家工廠進行過一次關於某種農作物加工機械的貿易談判。談判中，臺方的談判人員面對日本代表報出的高得離譜的價格，巧妙地採用了拋出問題法加以拒絕。這位談判人員一共提出了四個問題：「不知貴國生產此類產品的公司一共有幾家？」「不知貴公司的產品價格高於貴國某某牌的依據是什麼？」「不知世界上生產此類產品的公司一共有幾家？」「不知貴公司的產品價格高於某某牌（世界名牌）的依據又是什麼？」

這些問題使日方代表非常吃驚，他們張大嘴巴，卻不知如何作答。同時，他們也意識到自己報出的價格確實有些過分。

最終，他們主動將價格降低了很多。

3.自爆困難。

在商務談判中，如果對方提出的要求已經遠遠超過了談判人員的底線。而且，即使用盡動之以情、曉之以理的方法，對方還是窮追不捨時，為了使對方明白，再耗下去也是浪費時間，談判人員可以採取自爆困難的方法。

談判人員可以告訴對方自己現在面對的棘手問題，表示自己實在有心無力，從而使對方主動放棄，並對拒絕表示理解。

談判人員在向對方大吐苦水的時候，可以從兩方面去強調自身的困難：一是自身不具備滿足對方條件的一些硬體條件，如技術人員、資金等；二是原則問題，如法律條文、公司制度等。這兩者可以單獨使用，也可以合二為一地使用，談判人員要視具體情況而靈活運用。

4.開個玩笑。

在口才藝術中，幽默是個萬能武器，在談判中運用它拒絕對方的某些條件，也同樣很有功效。

前蘇聯曾與挪威進行過一次談判，主要內容就是購買挪威鯡魚。在談判中，熟悉貿易談判技巧的挪威人，開出的價格非常之高。前蘇聯的談判代表幾乎磨破了嘴皮，與挪威代表討價還價，但挪威代表就是堅持原價，堅決不讓步。談判進行了幾天幾夜，前蘇聯的談判代表換了一個又一個，還是沒有一絲進展。

為了解決這個棘手的問題，前蘇聯政府派柯倫泰為全權談判代表。柯倫泰面對挪威代表報出的高價，毫不客氣地還了一個極低的價格，毫無意外，對方還是搖頭，談判像以往一樣陷入了僵局。

挪威代表絲毫不擔心談判失敗。因為不管怎樣，對方要吃鯡魚，就得找他們買。而柯倫泰卻耗不起時間，而且還非成功不可。情急之下，柯倫泰使用了幽默來拒絕挪威代表的高價。

他對挪威代表說：「好吧！我同意你們提出的價格。如果我的政府不同意這個價格，我願意用自己的薪水來支付差額。但是，這就需要分期付款。」挪威代表聽後，忍不住大笑起來，談判氛圍有所好轉。最終，挪威代表同意將鯡魚的價格降低一些，雙方達成合作。柯倫泰用開玩笑的方法解決了這個棘手的難題。

5. 額外補償。

在拒絕對方的意見時，談判人員要盡量不用「不行」、「不可以」、「沒有商量」這些否定意味很濃的辭彙。如果必須用時，應給予對方一些額外的補償，將他心理上的不協調降到最低。

所謂額外補償，就是在拒絕對方時，給予一定的補償。這種補償並不是金錢，可以是某種服務、某種資訊等。再說幾句暖心的話語，就可以給拒絕畫上一個完美的句號。

一言千鈞

有的談判人員面對朋友、長期合作客戶時，不好意思拒絕對方，害怕傷了彼此的感情。其實，該拒絕的時候不拒絕，對雙方都沒有好處。因為應該拒絕的要求，往往是談判人員無法承受的要求，很難兌現。這樣，不僅失信於對方，自己的公司也會有損失。所以，該拒絕時就不要猶豫。

沉默是金，適時閉嘴會讓成功機率更高

俗話說：「沉默是金。」在商務談判中，適時的沉默的確可以「淘到金」。這裡所說的沉默並不是讓談判人員一直不說話，只聽對方講，而是一種談判策略。有人曾給沉默策略下了一個定義：「是指在商務談判中，適時地閉嘴，放棄主動權，讓對方先盡情表演，或者是多向對方提問，並設法促使對方沿著正題繼續談論下去，以暴露其真實的動機和最低的談判目標，然後再根據對方的動機和目標，並結合己方的意圖，採取有針對性的回答。」

經驗貧乏的談判人員最大弱點就是沒有耐心，不等對方發表完意見，就迫不及待地說出自己的想法。他們認為，自己的談判的目的就是說明自己的條件，發表自己的看法，然後駁倒對方的不同意見。因此，在談判中，他們將主要精力都放在了下一步該說什麼上，不仔細聽對方的發言，錯失了很多得到對方資訊的機會。

其實，談判人員應該將談判的時間用在傾聽上。認真聽對方說的每一句話，從而慢慢摸清對方的底牌，為自己爭得更多利益。

一月中旬，張華鋼接到一項談判任務，對方是一家小型醫藥公司。電話預約好時間後，張華鋼拿著樣品和資料去了那家公司。寒暄幾句後，張華鋼便看出這家公司的談判代表是個比較注重價格不太重品質的人，他就覺得適時地採取沉默策略。

他簡單地做了產品介紹演示後，對方也試用了產品，感覺還不錯。產品的效果、品質都沒問題，萬事俱備，只差價格這場東風了。

張華鋼認為，自己應該少說多聽，讓對方主動說出異議和顧慮。於是，他先給對方一個價格，讓其去考慮分析。對方說：「這幾天，有好幾家公司跟我們談這個產品專案，他們的產品品質也是很不錯的……」張華鋼仔細聽著，分析著：「他的話中並沒有提及這幾家公司的價格比我們的有優勢。」想到這裡，張華鋼繼續保持沉默。

對方繼續發言，說出了一些條件：品質保證、售後服務等，這些都沒有問題，合約條款上都有。隨後，對方終於提及價格了，希望張華鋼能夠給予一些優惠。對方表示：「你們的訂量最底限量訂得比較高，需要五百個以上，我們也不知道銷路會怎樣。」

張華鋼說道：「如果你們擔心產品會囤積，賣不出去，我們可以先給你們一些，你們可以試試，但價格是按二級批發價給你，你覺得怎麼樣？」對方不同意。

隨後，對方又不斷地在看產品，想找出產品的缺點，迫使張華鋼降低價格。但張華鋼對自己公司的產品有信心，不擔心這個問題。談了大概一個小時，張華鋼只說了三句話，其餘都是在搖頭或點頭。最後，對方開出一個價格，張華鋼心裡暗喜，正是自己希望的價格。但他沒有表現出來，繼續沉默。

半個小時後，對方又讓步了：「我們多拿一些貨吧！在原來的基礎上加三百個，價格還是按剛才談的那個算，咱們現在就簽約，好早點發貨。」張華鋼點點頭，簽下了合約。

在這場談判中，張華鋼贏的法寶就是適時沉默，看對方表演。等到對方詞窮後，再出擊，一舉成功。

談判談判，「談」是主要作戰手段，「聽」則是輔助武器。適時沉默，傾聽對方的意見，是談判人員應該掌握的重要策略。談判人員要盡量多給對方說的機會，然後在聽的過程中，得到他們的「軍情」，最終揚起勝利的旗幟。

一言千鈞

在一場談判中，面對同一個問題，通常會有兩種解決辦法，即你的辦法和對方的辦法。你的辦法是心知肚明的，但對方的辦法卻蒙著一層神秘面紗。所以，在對方面紗揭開前，你要適時沉默，多瞭解一下面紗後面的秘密，這樣，勝算才會多一些。

以小搏大，巧施「口技」與大公司過招

商務談判的過程一般包括自我介紹、相互寒暄、介紹產品、討論問題、化解分歧、達成合作。但隨著商業競爭越來越激烈，商務談判已經變成了一項鬥智鬥勇的活動，沒有一定的策略和技巧，是很難成為贏家的。尤其是與大公司、知名企業過招時，更要深入講究談判手段，最終才能以小贏大。

以下是與大公司過招的幾種策略和「口技」，談判人員可以借鑑一下，舉一反三，佔據談判優勢：

1.不打無準備之仗，做好戰前計畫。

一位新銳企業家說過：「準備工作對任何談判都至關重要——當你比你對手年輕、缺乏經驗時或許更是如此。」

梁智峰剛剛進入職場兩年，在某公司的客戶部工作，雖然工作年資不長，但他的談判功力卻讓很多老員工自嘆不如，再難搞的大公司經他一談，百分之九十都會談成。梁智峰的談判秘訣就是在談判前搜集對方的資料，對其做個全面的瞭解。用他的話說，就是「面對勁敵，知己知彼，才能百談百勝」。除此之外，為了消除所有可能的不利因素，他會在重要談判之前，找一個關係較好的老同事，或經驗豐富的談判員進行情景模擬。在這樣的精心準備下，他幾乎是戰無不勝。

2. 以話套話，找出談判中的決策人。

很多談判人員會遭遇這樣的窘境：對方來了一個談判團隊，你舌戰群儒，與他們討價還價半天，對方卻拋出一句「對不起，我們沒有決定權」。其實，這句話多半是個幌子，決策人一般就在他們之中，談判人員可以略施小計，找出幕後的靈魂人物。

3. 說出氣場，殺殺大公司的銳氣。

大公司的談判人員或多或少都會有一些優越感，將自己的位置擺得比對手高一些，在氣勢上先佔領高地。所以，與大公司談判時，談判人員講話要有點氣場，抑制對方的氣焰。

林如惠三月的工作日程中，有一項高難度任務，與一家知名的外資企業談合作。在此之前，已經有一位談判人員與對方接觸了一個月，對方帶著談判代表吃地方菜，四處看景點，不亦樂乎，但一談到合作事宜，對方就打太極。談判人員黔驢技窮，請求公司派人援助，公司就讓林如惠奔赴一線進行支援。上級給她訂的目標是：對方首款至少五十萬元，簽訂協議後付二十萬訂金，安排到工廠看產品生產流程；考察不滿意，訂金不退；考察滿意簽訂合約，三天內，要付餘款；款到位後，立即發貨，並派相關人員給予一個月的技術支援。

林如惠到了談判地後，並沒有立即與對方代表見面，而是與先前的那位同事出去玩了三天。第四天上午，他們在一家五星級酒店的套房中與對方代表見面。見面後，對方代表依然很熱情，立即表示要安排娛樂節目。林如惠婉拒了對方，直接奔赴主題。

林如惠先簡介了條件、理由與建議，當面起草出合約樣本，因為對方公司離酒店不遠，林如惠委託對方代表將合約列印成文本，前後用時不到五十分鐘。中午，雙方一起共進午餐。對方公司的總經理也到場了，午餐氛圍非常好。

午餐接近尾聲時，林如惠舉杯致謝：「黃總，謝謝貴公司的盛情款待，您的工作很忙，我們就此告別吧！」

黃總很吃驚：「我們還沒談合作的事宜，怎麼就告別了？」

林如惠說道：「黃總，上午九點半左右，我就委託貴公司的代表列印合約文本，現在已經過去四個小時了，我還沒看見合約文本，我有點懷疑貴公司的誠意。這次來這裡，我是專程為合作而來的。您知道，我們的廣告正在播放，這裡的市場是非拿下不可。對貴公司而言，這只是小生意，想做決定很簡單。但是，我們前後已經洽談將近兩個月了，卻依然得不到明確的答覆。在公司中，我的工作職責決定了我此行只許成功，不能失敗。如果我空手而回，就只能遞上辭職信。既然無法與貴公司合作，我就必須去找其他的客戶。再次感謝貴公司的招待！希望我們以後會有合作機會。」

林如惠的一番話，讓黃總刮目相看，他說：「林小姐，我很喜歡妳的做事風格和直率，貴公司有妳這樣的員工，我相信妳的公司也差不了，我決定與你們合作。我們一會兒就簽合約，支付訂金。」

林如惠之所以談判成功，就在於她說出了自己的氣場，有力地抑制了對方公司的心理優勢，從而成了贏家。

4. 認真分析，找出對方話中的隱藏含意。

談判中，有的客戶會將自己的意圖隱藏得很深，讓談判人員猜不透他們的心思。其實，只要談判人員認真分析，就可以體會其中深藏的意思。

與一家大公司的行銷總監談判時，劉先生提出了一個價格之後，行銷總監經過仔細計算，還了一個很低的價格。他說：「我們願意在這樣的價格下與你們合作，如果貴公司覺得不妥，我們只能無緣這次合作了。」如果是初出茅廬的談判人員，心裡可能只會記得自己原來提出的價格，可能沒有聽到「我們願意在這樣的價格下與你們合作」這句話。但經驗豐富的劉先生卻明白了這句話的隱藏含意，抓住了這個機會。劉先生很快按照他所提出的價格，取得了對方的承諾。其後合作越來越多，結果與劉先生最初給出的價格相差無幾。

一言千鈞

從某種意義上講，談判就是一場商業企劃活動。與大公司談判之前，談判人員需要將談判策略、步驟、重點內容等全部計畫好，初步猜測一下對方將會提出哪些讓人難以解答的刁鑽問題。這樣，談判人員就會贏得先機，不被對方牽著鼻子走。

大家好才是真的好 談判談成雙贏最完美

商務談判一般分為三個層次，競爭型談判、合作型談判、雙贏談判。

競爭型談判的主要目的在於打敗對方，讓自己的利益最大化。在這樣的談判中，不管對方提出什麼樣的方案，談判人員一般都會強烈反對這一方案，表示它完全行不通，說服對方使用自己的方案。

合作型談判的氛圍比較融洽一些，儘管談判雙方就某些問題的看法會存在一些分歧，但彼此還是存在合作與交流的意願。談判雙方不會像競爭型談判那樣，充滿火藥味，而是為一個相同的目的討論最完美的解決方式。

雙贏談判的氛圍比合作型談判的氛圍還要融洽，透過談判，不僅要想出讓雙方都滿意的方案，而且要解決責任和任務的分配，如成本、風險和利潤的分配，讓雙方的利益最大化。「雙贏」談判的結果是：你得益了，但我也沒有吃虧。一些商業人士認為：「從宣導和發展趨勢的角度說，『雙贏』談判無疑是有巨大的發展空間的。」

要想達到雙贏，不是談判技巧決定的，而是取決於談判人員的想法。因為談判技巧是固定的，是為人所用的。而談判人員心中存有什麼樣的想法，他就會運用什麼樣的談判方式，並輔以相應的談判技巧。從這一點上來說，雙贏談判有助於改變和更新談判人員的行銷思想。

暢銷書作家伊沃．昂特曾在其著作中，講述了一個雙贏談判的案例：

甲乙雙方進行商業談判，乙方，即賣方提出的合作條件是：報價一萬四千七百五十美元，提供十臺電腦及相應的軟體，還可以送貨及安裝軟體。甲方，即買家研究了幾份價格較低的相似的報價後，要求乙方將報價降低到一萬兩千五百美元。對乙方來說，底價是一萬兩千八百七十五美元，低於這個價就有虧損。

乙方的談判代表想：「我們能附加什麼服務或什麼設備才能增加買主採購的價值呢？如果我們提出讓買方的五名職員學習 WORD，那對我們意味著什麼呢？我們每週都舉辦這樣的培訓班，每個參加者的收費是 187.50 美元。另一方面，在培訓班裡總有一至二個名額是空缺的。如果買方接受這種安排，我們的花費並不增加。」

在有名額要利用的條件下，乙方向甲方提出了每週送一～二人參加培訓，總共五個名額的新條件。與這種培訓班的一般價格比起來，每個人將得到百分之五十的優惠。乙方表示，如果甲方認為五個名額不夠，在名額問題上還有談判餘地。另外，也可在較低價位上向甲方提供大的控制器或其他提高硬體的設備。除此之外，乙方還能建議甲方自己安裝軟體，自己去取電腦，如果這樣的安排能為甲方節省勞動力成本五百美元的話，乙方可以保留其中的部分，比如一百二十五美元，以增加這些買賣帶來的純利，剩下的部分滿足甲方的降價要求。

甲方經過計算和考慮後，覺得乙方提出的新條件代表附加加值，就相應地降低了價格。雙方簽訂了合約，這場談判以雙贏的結果完美結束。

雙贏談判無疑是相對完美的一種洽談模式，它可以讓甲方贏了，而乙方也沒有輸。這樣，不僅會讓彼此都得到想要的利益，也會為下一次的合作打下良好的基礎。

雙贏固然有很多好處，但是，要想讓一場談判實現雙贏，也並非易事，需要談判人員做到以下兩點。

首先，談判人員要摒棄「自己獨吃一塊蛋糕」的舊談判思想，不要有「我要讓自己的利益最大化，讓對方無利可圖」的想法。否則，談判人員是很難實現談判的雙贏，很可能是兩敗俱傷。

其次，談判人員要學會捨棄，懂得適度地讓步。報價是談判中重要的一環，當談判人員開出一個價格後，對方也許會想方設法地雞蛋裡挑骨頭，以此來打壓價格。在這種情況下，談判人員要權衡利弊，適當地捨棄自己開出的高價位，將價格降低一些，以滿足對方的需求。當然，這裡所說的捨棄不是無止境地降價，無條件的讓步，談判人員應該全面計算一下，這樣的「捨」可以讓自己得到什麼，然後再適度地讓步。

一言千鈞

有句廣告語是這樣說的：「大家好才是真的好。」商務談判也是如此，如果談判人員只是一味地為自己爭取最大的利益，即便贏得了談判，也可能只是一次性買賣，對方可能會根除下次還要合作的想法。因此，從長遠利益考慮，雙贏談判的回報率是很高的。

第5堂課

搞定客戶

鐵齒銅牙馳騁銷售沙場

未見其人先聞其聲 讓客戶在電話中就「愛」上你

很多時候，銷售人員與客戶的第一次接觸都是以電話為媒介的。銷售人員要想與客戶進行深入的、零距離的交談，就要透過電話預約這一必不可少的步驟。在這一步驟中，銷售人員的說話語氣、語調和內容將決定他能否給客戶留下好印象，客戶是否願意與他見個面。

因此，銷售人員要學習一些電話預約技巧：

1. 選好打電話的時機。

如果銷售人員打電話的時機不對，就會影響預約的效果。一般來說，銷售人員最好不要上午打電話，因為客戶上午的工作很忙，沒有心情接待電話來訪人員，更不要說訂下見面的時間。即便客戶接了電話，訂下了見面時間，也可能會因為與當天的突發事件，比如出差、開會等時間衝突而取消這次見面。

一般情況下，打電話的最佳時間是在下午兩三點以後。在這段時間裡，客戶一天的工作已經基本上完成了，空閒時間比較多，心情也會愉悅一些，這時候，如果銷售人員打電話預約，客戶會耐心地聽介紹，然後訂下見面時間。

2. 勤用禮貌用語。

預約電話的開場白將直接影響接下來的談話氛圍，以及客戶對銷售人員的印象。因此，銷售人員要勤使用禮貌用語，比如，「請」、「您好」、「謝謝」、「麻煩您」、「不好意思」等。說話的態度要平和，咬字要清晰，既不冷言冷語，也不嗲聲嗲氣。如此一來，即便銷售人員說出的僅僅是「早安，王先生，打擾您了」這樣的簡單問候語，也會給客戶留下很有禮貌的印象。

3. 調節說話音量、速度。

科學家經研究發現，人與人見面時，會出現磁場，如果彼此的磁場相匹配，說話就會很投緣。在電話之中，也存在這樣一個磁場，如果銷售人員與客戶的磁場匹配，交流時就會很順利。在交流之初，如果銷售人員採取適中的說話音量和語速，等找到客戶的磁場特點後，再逐步調整音量與語速，客戶就會覺得與他講話很「來電」，印象分會增加不少。

4.介紹業務、產品要適可而止。

在電話中，銷售人員不宜銷售、說明任何複雜的產品，因為這樣無法從客戶的臉部表情、行為舉止判斷他的意願，而且，詳細地說明業務或產品，會讓談話時間變得很長，客戶會失去耐心，也許會不等銷售人員說完，就一口拒絕或乾脆掛斷電話，根本就見不到面。

銷售人員要盡量用簡潔、有吸引力的話語，向客戶說明跟你見面談的重要性和好處。銷售人員可以講講自己要推銷的業務、產品的概念、使用效果等。銷售人員要站在為客戶考慮的立場上，直接指出客戶在使用這項業務或產品之後，可以得到的利益，或享受到的服務等。

劉文嘉是培訓學校的一個課程推廣員，他總是可以三言兩語就約到客戶，原因就在於他的話很有誘惑力。

一次，他打電話給一家公司推銷最新的培訓課程時，張口就問：「您好，楊經理，您對一堂已經證實能在四個月當中，讓公司的銷售業績增加百分之四十到五十的課程感興趣嗎？」

楊經理聽後，一下來了興趣，趕緊問道：「什麼課程？」

劉文嘉說：「本公司金牌講師最新的課程，已經成功地舉辦了十幾場，反應非常好。」

「你能具體講講嗎？」

「不好意思，楊經理，這個課程太熱門了，還有很多客戶要和我瞭解情況。如果您真的感興趣，我們可以約個時間，我當面幫您介紹一下，還可以給你看幾段精彩的講課影片。您是週四方便還是週五方便。」

「嗯，那就訂週五吧！我讓秘書把見面地點給你發過去。」

「好的，楊經理，週五見。」

5. 善始也要善終。

銷售人員千萬要比對方晚掛電話，做事要善始善終，電話預約也一樣。通話接近尾聲時，不管預約是否成功，銷售人員都要保持最初的平和態度，用「不好意思，耽誤您這麼長時間」、「謝謝您聽我的介紹」等禮貌話語結束通話。而且，銷售人員的手不要太快，沒等對方掛線，自己就先放下電話。這樣，對方的心裡就會產生消極情緒，他也許不會直接抱怨銷售人員，而是將不滿直接發洩到公司身上，如此一來，公司的聲譽就會遭到損害。

另外，有的銷售人員會有這樣的經歷，與客戶講了很久的電話，客戶的態度一直不錯，但一提到面談，對方就有諸多藉口推辭。其實，這並不是銷售人員的口才不好，而是對方根本不是目標客戶，他們對此根本不感興趣。因此，銷售人員不但要練好電話口才，給客戶好印象，還要善於發現通話中的蛛絲馬跡，以此判斷對方是否為目標客戶，以免浪費時間和精力。

一言千鈞

銷售人員不要存有這樣的想法：「客戶在電話中只能聽見我的聲音，就算我躺著，表情冷淡，他也不知道。」其實，在電話中，客戶是可以判斷出銷售人員的臉部表情、文化修養、專業素養等。因此，為了給客戶留下良好的電話印象，銷售人員一定要遵循電話預約的幾項原則——面帶微笑、態度謙和、聲音陽光、用語文明、內容精鍊。

說話熱情，讓客戶感覺如沐春風

一首經典老歌中曾有這樣的歌詞：「我的熱情好像一把火，燃燒了整個沙漠。」的確，熱情是一種很奇特的情感，它非常富有感染力，可以點燃人的激情，讓人的內心如同有一把火炬在燃燒。

有人曾做過研究，一次成功的銷售，熱情所起的作用佔百分之九十五，而專業知識只佔百分之五。如果一個銷售人員話語間洋溢著熱情，即便客戶最初是抱著「打死也不買產品」的心態與他交談，最終也會被他的熱情打動，買下產品。反之，如果一個銷售人員像霜打的茄子一樣，說話有氣無力，即便顧客是帶著錢來買產品的，也會被他的毫無生氣而澆滅購買熱情，會帶著分文未動的錢離去。

雖然熱情的話語就如同一團火焰，可以溫暖別人的心田。但是，如果這團火的溫度過高，就容易給別人造成困惑，讓人產生疑問：「他為什麼這麼熱情，他的真正目的到底是什麼？」銷售也是如此，如果銷售人員的熱情話語溫度過高，往往會讓顧客心中生出疑團：「他是不是想多賺我的錢，還是這裡的衣服賣不出去了？要不然他怎麼會這麼熱情地向我介紹、推銷的。」結果往往是顧客拂袖而去，生意落空。

趙小姐是一個購物狂，她的假期基本上都用在了購物上。有一次，趙小姐在一家品牌時裝店看中一條裙子，她試穿後，覺得還不錯，就準備買下來。但銷售人員一直站在她身邊，滿口讚美之詞，說她的身材與裙子特別相配，這條裙子讓她顯得很貴氣等。銷售人員幾句熱情洋溢的話語之後，趙小姐進入試衣間，將裙子脫下，還給了銷售人員，說：「我不太喜歡這條裙子，我再看看別的款式。」說完，就離開了這家店。

趙小姐說：「過分的銷售熱情，只會透露出銷售人員迫不及待的促銷動機。每當她們大肆稱讚我穿這件衣服如何合身的時候，我就會想，她們是不是為了賣出這件衣服，胡亂編造了一些瞎話？所以，我就會拒絕購買，告訴她們我還要再看看。」

銷售中的「熱情度」是一項技術工作。比如，當我們走入一家商店時，如果售貨員對我們愛理不理，我們就會很不爽，不願意在那裡消費一分錢。但是，如果售貨員對我們熱情似火山爆發一樣，不停地與我們說話，介紹和推薦各種促銷商品，那麼，我們會感到全身不舒服。結果，我們非但不會被熱情感染，掏錢購買商品，反而會如臨大敵，快步離去。所以，銷售人員要掌握好熱情的火候，將零下十幾度的冰水與零上幾十度的沸水融合一下，形成不冷不燙的溫水，溫暖客戶的心窩，讓其有如沐春風的感覺，銷售目的自然就會水到渠成。

一言千鈞

「沒有熱情就沒有銷售」。但僅有微笑是不夠的，還要有熱情的話語。微笑只會讓顧客覺得銷售人員的服務態度不錯，而要打開顧客的心扉，還是要依靠熱情的話語。

用嘴說動顧客心，激發他的購買慾望

很多銷售人員都會做過這樣的白日夢：「每天不用打電話，不需出去拜訪客戶，而是顧客主動找到我，坐在家裡就可以賺錢。」或許，會有顧客因為聽說產品不錯，主動前來購買，但這只是個別情況。大多數情況下，銷售人員還是要主動尋找顧客，用嘴激發他們的購買慾望，讓他們心甘情願地掏錢購買產品。

那麼，銷售人員應該如何說，才能讓顧客有強烈的購買慾望呢？

一般來說，銷售人員可以從以下幾方面去做：

1. 辨清顧客類型。

一位金牌銷售人員曾經向新人傳授過這樣的銷售經驗：「如何才能讓顧客有購買的衝動？首先，你要先和顧客套套近乎，透過簡單的對話，瞭解這位顧客是屬於什麼類型的。如果他是直率果斷型的顧客，你就要言簡意賅地介紹產品的特點，還要不時地觀察顧客的反應，最好不時地提及產品的效果。這樣，過不了多久，顧客就會毫不猶豫地買下產品。」

一般來說，顧客分這樣幾種類型：優柔寡斷型、自以為是型、理智鎮定型、情感衝動型等，銷售人員要辨清顧客的類型，對症下藥，方能達成銷售。

2. 談其所愛。

我們都有這樣的感受，即便是剛剛見面的陌生人，如果雙方都喜愛同一種事物，也會迅速熟絡起來。在與顧客的交流過程中，銷售人員可以與客戶說說他喜歡的事物和感興趣的話題。比如：如果顧客是一位籃球迷，那麼，銷售人員就可以和他談談NBA；如果顧客對投資理財頗有興趣，那麼，銷售人員可以和他談談最近熱門的理財產品，假如銷售人員還能幫客戶分析一下理財產品的最新走勢，顧客一定會對其刮目相看，銷售結果幾乎沒有任何懸念，只有兩個字——成功。

如果銷售人員遇到的顧客沒有特別喜歡的業餘愛好，每天都將時間花在工作上。那麼，銷售人員拜訪他時，就可以和他談談工作上的事情。這樣，彼此間的心理距離就會縮短很多，顧客的購買慾一激即發。

3.灌輸新觀念。

有的時候，銷售人員會遇到一些固守舊思想的顧客，無論怎麼說服、引導，他們非但沒有購買慾望，反而會越聽越煩，將銷售人員掃地出門。面對這樣的顧客，銷售人員就要向其灌輸一些新觀念，然後逐步激發他們的購買慾望。

郝權東是一名墓地銷售員。

一次，他去拜訪一對七十幾歲的老夫妻。這對老夫妻的身體很硬朗，連感冒都很少得，所以，根本就沒有考慮過自己的身後事。郝權東剛提到墓地的事，他們連連搖頭。老太太口氣冷淡地說：「你跟我們說這些話是什麼意思？你這不是咒我們早死嗎？一大早上就聽到這種喪氣話，真不吉利。你快走吧！我們現在根本不需要你推銷的東西！」

郝權東並沒有因為老太太的責罵而離開，他面帶微笑地說：「現在，買墓地是很盛行的，不僅很多老年人買，一些三、四十歲的中年人也會買。而且，我們請風水先生看過這塊墓地，他說風水很好，可以殷富子孫。墓地的周圍有山有水，陽光充足，還有一排綠樹。你們二老忙碌了一輩子，我相信你們一定希望百年之後，有一處安靜的棲身之處，而這裡就是一個非常好的選擇。而且，現在的墓地價格很便宜，非常搶手。所以，我們老總決定從週一開始，在現價的基礎上，漲價百分之三十，希望您二老不要錯過機會。」

兩位老人雖然有點心動，但還是對郝權東不冷不熱。無論郝權東說什麼，他們都不開金口，而且臉拉得很長。

為了扭轉這種尷尬的局面，郝權東說道：「我們公司還推出了一個新的活動，叫『執子之手，生死不離』！我想這是許多夫妻的夢想：生的時候相濡以沫，死了以後也要彼此相依，如果參加這次活動，還可以享受七折優惠。現在很多上了年紀的人，都希望趁著自己身體好的時候，將身後事安排好。一方面不用讓兒女操心，另一方面可以按照自己喜歡的方式安排後事，選擇跟伴侶再走一段路。有很多顧客都覺得，這種活動很人性化。」聽到這裡，夫妻倆的購買慾望被激發了。最後，他們買下了一塊雙人墓地。

4. 煽起顧客的攀比風。

攀比之心，人皆有之。從上學時女同學之間比漂亮，男同學之間比人氣，到上班後同事之間比職位、業績，攀比之風一直就在我們周圍忽大忽小地颳著。因此，銷售人員可以煽起顧客的攀比風，從而激發其購買慾望。比如，銷售人員可以說：「李小姐，妳還在猶豫什麼，妳用這款產品最合適了。妳們辦公室的姐妹全都買了，她們用完後，都讚不絕口。」如此一來，李小姐的攀比心就會蠢蠢欲動，十之八九會購買。

一言千鈞

當顧客被激起購買慾望時，往往是衝動大於理智的時候。這個時候，如果銷售人員也同樣失去理性，不斷地勸說顧客「多多益善，多買一些」，就可能會讓此次交易成為一錘子買賣，失去回頭客。所以，銷售人員要保持清醒的頭腦，讓顧客適可而止地購買，將線放長一點，才會釣到大魚。

說點示弱話，攬住客戶心

軟弱，似乎一直以來就被我們當成一個貶義詞來使用，用來嘲笑別人缺乏勇氣，言語中不乏鄙視之意。其實，從某種意義上說，適時地表示軟弱是一種高明的處事手段。

商容是個頗有學問的貴族，也是偉大的思想家老子的恩師。

當商容病危時，老子在他的床邊聽恩師的遺言。

商容問：「當人們經過故鄉時，為什麼要下車步行？」

「大概因為人們沒有忘記水土的養育之恩。」

「人們為什麼走過高大蔥翠古樹時，總是低頭恭謹？」

「也許大家仰慕它的生命力。」

「我的舌頭還在嗎？」

「當然在！」

商容繼續問：「我的牙齒呢？」

「都掉光了。」

「那你明白其中道理嗎？」

老子回答說：「老師您年紀大了，舌頭還在，是因為它柔軟；而牙齒掉了，是因為它剛強。」

真正的強者大都能屈能伸，善於也勇於示弱，結果往往是順利達到目的。在銷售中，示弱的作用也是不可忽視的。暢銷商業小說作者派翠克・蘭西奧尼認為：「軟弱是人性中最容易被低估和誤解的重要品格。因為無論是個人還是企業，當他們竭力在客戶面前為自己塑造出一個『全能』、『無瑕』的形象時，對方不僅會覺得不真實，更會感到自己是處於下風的一方，很容易受人擺佈和操縱。顧客真正需要的是在誠實與謙遜的基礎上，共同合作，解決問題。如果銷售人員一味地追求自我形象的『完美無瑕』，無異於在自己與顧客之間築起一道阻礙平等溝通合作的高牆，反而不容易從顧客那裡獲得很高的忠誠度。」

林巧潔是一家大商場茶葉專櫃的銷售小姐。

一天，一個四十多歲的女性顧客，徑直走到茶葉專櫃前，拿起一包茶葉就要走。

林巧潔急忙說道：「女士，您買的這種茶葉，它只有清理腸道的作用，您的腸胃不好嗎？」

顧客冷冷地說道：「我當白開水喝，可以吧？」見顧客說話帶刺，林巧潔也將聲音提高了八度，說道：「您別當白開水喝啊，這水的成本也太貴了！我建議您買這種保健茶，不僅清理腸道，而且可以調節內分泌。」

顧客尖著聲音說道：「我就要這包清腸胃的茶，就不要那個保健茶，妳給我拿五包，裝好袋！」林巧潔強忍著心中的怒氣，將茶葉遞給顧客，顧客頭也不抬地走了。

幾分鐘後，經理過來了，林巧潔剛要訴苦，經理說道：「我剛剛都聽見了，那個顧客是比較傲氣，但是，妳的說話方式也有問題。」

「我有什麼問題？我是好心向她推薦。」林巧潔一臉委屈地說道。

經理說道：「妳剛剛說話太強勢，缺少親和力。比如，妳說『您的腸胃不好嗎』這句話時，語氣生硬，明顯帶有拷問的意思，顧客當然會不高興。那個顧客本身就是一個很強勢的人，妳說話比她還強，妳想，她能對妳客氣嗎？」

「那我應該怎麼說，難道還要低三下四啊？」林巧潔略微不滿地說。

經理說：「這樣吧，我們情景再現一次，妳當剛才那位顧客，我當銷售人員。」林巧潔點點頭，兩人迅速進入角色。

「銷售人員」問道：「女士，您買的這種茶只有清理腸道的作用，您的腸胃不好嗎？」

「顧客」答道：「我當白開水喝，可以吧？」

「女士，您真幽默，把這麼貴的茶當白開水喝，我還是第一次聽說。」

「顧客」語氣有所好轉，說道：「幫我拿五包，我還有別的事呢！」

「銷售人員」說道：「好的，女士，我這就給您拿。我看得出來，姐姐是個爽快人，您是自己開公司的吧？說話、辦事這麼雷厲風行！您還茶水當白開水喝，太有創意了，您為什麼不找一種您喝『白開水』時加的『調料』呢？這種保健茶可以調節內分泌，再加上您這『白開水』的強力清理腸胃的功能，效果會非常好。」

聽到這裡，林巧潔「噗哧」一笑，說道：「經理，真有你的，再裝下去，我就得自掏腰包買茶葉了。」

經理說：「妳看，這就是說示弱話的好處，妳要學著點。」林巧潔笑著點點頭。

「堅強者死之徒，柔弱者身之徒」，示弱、退讓並不是膽小怯懦的表現，而是智慧的象徵：放低姿態示弱，表面上是弱，實則為弱中帶強。如果銷售人員善於說點示弱的話，就能抓住顧客的心，輕鬆完成銷售任務。

在銷售過程中，銷售人員也不要總對顧客說強勢的話語，比如：「你應該……不應該……」而應該主動詢問顧客的想法，幫助其分析這個想法的利弊，並說出自己的建議，讓顧客自己做決定。這種示弱的說話方式會有很強大的作用，可以幫助銷售人員達成銷售，並與顧客建立長久的合作關係。

一言千鈞

在行銷一線時，如果一個銷售人員讓自己的鋒芒太過耀眼，就可能會讓顧客覺得刺眼，從而對他敬而遠之。但這並不是讓銷售人員始終以一副軟弱的姿態出現在顧客面前，在某些情況下，銷售人員還是要展示自己的才華，讓顧客眼前一亮。簡而言之，示弱與逞強是相對的，銷售人員要分清對象和情況，靈活運用。

用數據說話，讓客戶覺得撿了便宜

在與顧客的溝通中，很多銷售人員會聽到這樣的拒絕話語：「你們這產品太貴，花這麼多錢買，太不划算。」面對這樣的話語，有的銷售人員就會打了退堂鼓，放棄說服。其實，要想解決這個問題，有一個很便捷的方法——算帳。

一位金牌銷售員說過：「為客戶算帳，就是一個說服客戶的過程。如何算這筆帳，那就要看銷售人員對自己所推薦的商品，自己對這個行業的瞭解程度。只有讓客戶感受到購買這個產品的好處，將看不見的益處展示給客戶，客戶才能夠心裡有數，放心地購買。」

銷售人員多用數據與顧客說話，語言會更加生動，說服力會更加強勁。因為這些具體的數字會讓顧客覺得自己購買這種物品是很划算的，不僅可以省下很多錢，還能創造利潤，簡直是撿了一個大便宜。所以，他們會迫不及待地掏錢購買。

金克拉是國際知名的演說家、作家，及全美公認為銷售天王暨最會激勵人心的大師。他成功地向守財奴銷售了一套廚具的故事，已經成為銷售中的經典案例。

那天，金克拉向一位遠近皆知的守財奴推銷廚具：「先生，我這裡有您所看過、用過的廚具當中最好的廚具，您太有必要擁有一套了。」

守財奴說：「真高興看到你，我們彼此都知道，我是不可能花四百美金買這些鍋碗瓢盆。但無論如何，我還是要請你進來聊聊天。」

金克拉有點失望，但他還是笑著對守財奴說：「您可能覺得自己不需要從我手中買任何東西，但我可不這樣認為。」

守財奴說：「我再說一次，我可以和你聊天，但我不打算買任何東西。」

金克拉說：「您知道我們有許多共同點嗎？」

守財奴說：「是嗎？你說說看。」

金克拉不緊不慢地說：「我聽您的鄰居說，您是這一帶出了名的保守派。我與您一樣，做事也比較謹慎。但是，他們可以認為您保守，而我不這樣認為，只是您的鄰居對您最重要的事情不夠瞭解。假如我沒有記錯的話，您已結婚二十三年了。」

守財奴答道：「是的，事實上，還有八個月就滿二十四年了。」

金克拉說：「好，讓我問您一個問題。您是否還記得，您說如果用我的廚具煮東西，就可以每天節省一美金？」

「那大概是上個月的事情。」

「也就是說，您每天肯定至少可以節省一美金，是不是？」

「是的，至少一美金。」

金克拉繼續說道：「假如這套廚具每天幫您省一美金，也就是說，如果每天，您的太太不使用這套省錢的廚具，等於是她把手伸進您的口袋，取出一張全新整潔的一美金紙鈔，把它撕成碎片，再把它丟掉，是嗎？」金克拉慢慢地撕毀一張嶄新的一美金紙鈔，並把碎片丟到地上。

守財奴有些驚訝，金克拉說道：「親愛的先生，您可以忍受一美金的損失，但是根據您的鄰居所說，您不會覺得高興。雖然這六十坪的房子是您的，也是銀行的，您不希望有任何的浪費。現在，親愛的先生，您可以瞭解一天損失一美金的意義了嗎？也就是說您和您的太太，每二十天就要從口袋裡拿出一張嶄新的二十美金紙鈔，把它撕成碎片再扔掉。」說完，金克拉慢慢地撕掉一張二十美金紙鈔，還故意將響聲弄得很大。

金克拉看著守財奴，問道：「X先生，我撕一美金的時候，你感受如何？」

「我想你是瘋了。」

「那我撕掉二十美金時，您又有何感受呢？」

「我的腦子裡一片空白，但我知道你確實做了。」

金克拉問道：「您想那是誰的錢？」

「當然是你的。」

「但是，當我在撕它時，您感到痛苦了，是嗎？」

「的確是。」

「我可以問您一個問題嗎？」

「當然可以。」

「您有沒有一絲感覺那是您的錢？」

守財奴驚訝地問道：「你為什麼會這樣認為。」

金克拉說：「很簡單。您告訴我，您已結婚二十三年了，就算是二十年。您已經告訴我這套廚具每天最少可以省下一美金，也就是說，如果您沒買這套廚具，您一年會損失三百六十五美金。換句話說，二十年來，您已經損失了七千三百美金，就是因為您沒有花四百美金去買這套廚具。別人說您很小氣，我想那是他們不瞭解您。您其實很大方，捨得一年損失三百六十五美金。」

守財奴沉思片刻，說道：「這真是糟透了。金克拉先生，如果我不購買這套廚具，那麼，在接下來的二十年裡，我還要再損失七千三百美金。好吧！我要買一套。」

從那以後，守財奴成了金克拉最好的朋友，還間接地幫助金克拉銷售了很多套廚具。因為當別人得知最吝嗇的守財奴都買了，覺得這套廚具一定很有價值，於是紛紛購買。

金克拉之所以成功地將廚具賣給了守財奴，主要原因就是他抓住了守財奴善於算計的性格特點，透過具體數據，給守財奴算了一筆帳，從而成功地賣出了廚具。

算帳可以讓顧客從具體的數字中，看到自己今後將得到的巨大利潤。與顧客交談時，銷售人員可以隨身攜帶一個計算機，隨時給顧客精打細算一番，讓顧客心情愉悅地買下產品。

一言千鈞

購買商品時，顧客大多有這樣一種心態：「能便宜一點是一點，省下錢就是賺錢。」因此，銷售人員要抓住顧客的這種心理，為其好好算一筆帳，讓顧客覺得自己購買產品並不是花錢，而是賺錢。這樣，銷售人員就會輕鬆賺到錢。

能言善辯，冷靜應對難纏的客戶

銷售是一項綜合能力很強的工作，它要求銷售人員必須具備十八般武藝，其中很重要的一門功夫，就是應對難纏的客戶，這也是讓很多銷售人員感到棘手的問題。

萬事有因必有果。客戶之所以很難纏，必定有其難纏的理由。一個很重要的原因就是性格問題。每個客戶都有自己獨特的個性和做事風格，而難纏的客戶自然就有很多性格缺陷，讓銷售人員哭笑不得。

一般來說，難纏的客戶有以下幾種類型：

1. 小心謹慎型。

小心謹慎型的客戶辦事過於理性，在決定出錢購買商品以前，他會仔細詢問銷售人員各方面的問題，直到完全瞭解和滿意時，才會放下心來。但在他決定購買之前，他還會徵詢親戚、朋友的意見，然後再做定奪。

面對這樣的客戶，銷售人員應該很有耐心地回答客戶拋出的疑問。說話時，姿態要放低一點，語氣要謙和一些，不要油嘴滑舌，也不要自吹自擂。而應該用平實的語言實話實說，給客戶安全感，這樣，客戶才會對銷售人員產生信任感，從而購買產品。

2. 面若冰霜型。

面若冰霜型的客戶總是冷著一張臉，無論銷售人員如何聲情並茂地介紹產品，都如同「用熱臉去貼冷屁股」，很難溫暖他。

對待這樣的客戶，銷售人員一定要保持自己的熱情，即便他的臉色如冰山一般，說話似放冷箭，銷售人員都不要放棄，要將熱情進行到底。皇天不負苦心人，終有一天，熱情的火焰會溫暖他冰冷的內心。而且，這樣的客戶一旦認可了一個銷售人員，就會與其成為至交。

3. 自以為是型。

自以為是型的客戶總是高昂頭顱，擺出一副用鼻孔看人的樣子。其實，這無非是他的虛榮心作祟，他要自己能高人一等，讓別人仰視他。

對於這樣的客戶，銷售人員要就坡下驢，先讓他老王賣瓜，自賣自誇一番。銷售人員不但要側耳傾聽，而且要適時地附和幾句。等他講到口乾舌燥，想休息一下時，也就是他的虛榮心已經得到了滿足。這時，銷售人員可以巧言幾句，將他轉換到聽眾的角色，讓他洗耳恭聽，從而達成銷售。

除了這三種難纏客戶外，還有不講誠信、自命專家、口是心非、愛貪便宜等類型的棘手客戶。銷售人員要將自己手中的客戶分門別類，對症下藥。

不過，僅僅能分辨難纏客戶的類型還是不夠的，銷售人員還要掌握一些「獨門秘笈」，方能將難纏客戶轉變為鐵杆客戶：

1. 放平心態。

面對難纏客戶時，有的銷售人員不等客戶說幾句話，心中就騰升出憤怒的小火苗。隨著客戶的挑三揀四，這股火苗就愈燒愈烈。最後，一場銷售演變成一場硝煙濃厚的「戰爭」，買賣關係變成敵我雙方。

何成偉是一家電器公司的銷售總監，憶起初入銷售行業的往事，他表示，當時最難搞的事情就是對付難纏的客戶，第一個月的銷售額，就因為這些客戶，連一半都沒有完成。

何成偉說：「有一些客戶覺得自己是公司老總，你只是個名不見經傳的推銷員。你抱著極大的熱情跟他講了一大堆，他卻左耳聽右耳出，毫不關心。打電話約他見面，他會有幾十個藉口推託，當時我真想當面和他們大吵一架，然後離開銷售行業。但轉念一想，我是個男人，不能遇到這點困難就往後縮。所以，我下定決心要搞定這些難對付的客戶。」在同事和部門經理的幫助下，加上何成偉的努力，他終於研究出一套專門應對難纏客戶的方法。

何成偉說：「銷售人員要放平心態。銷售行業就是與人打交道的行業，也屬於服務行業，所以一定要調整好心態。不能客戶說幾句難聽的話，你就氣得直跳腳。我們是要讓客戶拿錢來買我們的產品，他們拿自己的錢，發點牢騷，挑點毛病是正常的。就像我們去商場買衣服一樣，也會挑三揀四。你耐心聽客戶的抱怨，認真回答他們的疑問，他們自然會轉變態度，與你心平氣和地談生意。」

何成偉講了這樣一件事情：一次，他向一個中年女性推銷產品。這個女客戶聽完何成偉的介紹後，在買賣合約上簽了字。但隨後，她就一直在何成偉面前說這個產品的缺點，何成偉也沒反駁她。女客戶連續說了半個小時，然後從錢包中拿出錢，給了何成偉。事後，同事問何成偉：「既然她都決定要買了，還挑那麼多毛病幹什麼？」

何成偉說：「因為她覺得自己花錢了，就是『上帝』，就有權利對產品提意見。我們只要耐心聽，認真答就可以了。」

2.合理解釋。

有研究說明，人們更容易接受被告知緣由的問題，而很難接受連起因都不知道的問題。因此，面對難纏客戶提出的疑問，銷售人員不要給出模稜兩可的解釋，要給他一個明確的理由，他才會停止找麻煩。

3.以誠相待。

一般情況下，再難纏的客戶，也不太刁難一個誠實憨厚的銷售人員。因為這樣的銷售人員，不會自我吹噓，會真心誠意地對待客戶，他會將產品的優惠、效果等全部和盤托出。即便刁難，客戶也得不到什麼好處。只要價錢合算，客戶一般都會與這樣的銷售人員合作。

某電子科技公司的銷售員劉孟申最近遇到一個難題，他每次到黃老闆的公司收尾款時，黃老闆總是推三阻四，不是不給，就是說好給三十萬，結果只給十萬。他覺得自己和黃老闆的關係很不錯，沒事的時候，兩人總在一起吃喝玩樂，但一到收錢時，黃老闆就變得異常小氣。

劉孟申的老闆有些著急，就派了另一個員工──王宇浩去催款。

王宇浩是個少言寡語的年輕人，劉孟申想：「我這麼能說的人都要不出來，他更沒希望。」然而，半個月後，王宇浩將尾款全部收了回來，還與黃老闆續簽了兩年的合約。

劉孟申迷惑不解。

一次，他從酒醉的黃老闆口中套出了話。原來，王宇浩很實在，也很講誠信，答應黃老闆的事情，一定會做到。黃老闆拍著劉孟申的肩膀說：「你說的比唱的好聽，就是不辦實事。我讓你給我解決點問題，你能推就推。幫我辦點事，就天天掛在嘴上，所以，我不愛跟你辦事，我跟王宇浩合作，放心。」

一言千鈞

難纏客戶固然有其可惡的一面，但這些客戶身上也有特點。如果銷售人員仔細觀察，就會有很多意外收穫。

妙語化解客戶異議，銷售勝算可多一成

客戶異議是指在銷售過程中，客戶會對產品以及銷售人員的話語提出質疑或拒絕。比如，銷售人員預約客戶見面，客戶說沒有時間；詢問客戶的要求時，客戶只是打太極，而隱藏了真正的需求；銷售人員已經向客戶解說產品時，客戶卻常常打斷其說話，提出一些無關痛癢的問題等，這些都是異議。當銷售人員向顧客推銷產品時，十個顧客中會有九個顧客提出異議，對產品吹毛求疵。

那麼，面對客戶的多重異議時，銷售人員應該如何機智應答呢？以下是幾種化解異議的方法，銷售人員可以借鑑一下，舉一反三，最終得到客戶的認同：

1.先下嘴為強。

俗話說：「先下手為強，後下手遭殃。」在化解客戶異議時，這種先發制人的方法有時也是很有效果的。如果銷售人員感到顧客可能要提出某點異議時，就要搶佔優先說話權，自己先將它說出來，然後採取自問自答的方式，主動消除顧客的疑雲。但是，銷售人員要注意一點，要能將自己的話圓回來，也就是說，在主動講出產品缺點的同時，也要給顧客一個合理的解釋。比如：「您可能認為我們的產品有點貴，但一分錢一分貨，您多花一些錢，吃得也放心。」「您也許怕我們的產品有副作用，俗話說：『是藥三分毒』，但我們的產品在同類型的藥品中，副作用是最小的。」

2. 看準機會再答疑。

美國某研究機構透過對幾千名銷售人員的調查發現：優秀的銷售人員遭到客戶嚴重反對的機會只是普通銷售人員的十分之一。研究人員認為：「這是因為優秀的銷售人員對客戶提出的異議不僅能給予一個比較圓滿的答覆，而且能選擇恰當的時機進行答覆。」因此，銷售人員不要張口就為顧客答疑，要看準機會，找個合適的時機再開口。

3. 就異議提問。

很多時候，客戶提出的異議並不是他的真實想法，有時連顧客本人也無法解釋這個異議產生的真正原因，銷售人員也就很難判斷顧客的真實想法，銷售的難度就會增加很多。因此，當顧客提出異議時，銷售人員可以就這個異議反問顧客，從而找出異議的根源。

銷售人員可以透過重複異議的方式向客戶提問，這既表現出銷售人員對客戶的敬意，又可以幫助銷售人員確定自己要回答的問題。比如，銷售人員可以這樣重複：「如果我沒有理解錯的話，您想要表達的意思是……」這種提問方式有利於銷售人員與顧客進行更深一步的交流，也讓客戶更易接受銷售人員的主張。

在用提問的方法時，銷售人員要掌握三點技巧：提問要即時、問題要有針對性、提問次數別太頻繁。

4.故意求助。

面對心細謹慎的顧客，銷售人員要在其提出異議的最初，就給予合理的解釋，博得顧客的理解。然後再說點示弱話，故意向顧客求助，讓其幫助介紹客戶。這樣一來，顧客就會有很強烈的購買慾望。

5.移花接木。

完美的東西是不存在，銷售人員推銷的產品、服務、專案等，雖有眾多優點，但必然會存在一些缺點，而眼尖心細的顧客就會發現這些瑕疵。面對這種情況，銷售人員可以採用移花接木的方法，化解顧客的異議。也就是將顧客對缺點的注意力轉移到優點上，淡化短處，突出長處。比如，顧客提出「銷量異議」，認為現在的圖書市場不景氣，不適合庫存圖書。銷售人員不妨以多購優惠、圖書市場有回暖趨勢等為由，轉移顧客的關注點。這樣，截長補短，就可以化解顧客的異議，解除他的顧慮，讓買賣成交。

6. 裝聾作啞。

面對顧客提出的異議，銷售人員不必有問必答，尤其是那些容易發生爭吵的問題。如果銷售人員認真作答，不但費時費力，還有可能節外生枝，引來不必要的麻煩。因此，銷售人員可以採用裝聾作啞的方式，滿足顧客表達的心理需要，然後適時地轉移話題。

一言千鈞

經驗不足的銷售人員會因為異議而與客戶爭得臉紅脖子粗，導致雙方不歡而散，一樁買賣就這樣吹了。其實，銷售人員不應該與顧客激烈地爭論，爭論不是說服顧客的好方法。在這場「辯論賽」中，損失最大的永遠是銷售人員，正如那句銷售行話所說：「佔爭論的便宜越多，吃銷售的虧越大。」因此，銷售人員應該巧妙地化解顧客的異議，消除顧客心中的疑團。這樣，銷售的勝算才會多一成。

練就一張催債鐵嘴

欠債還錢，天經地義。可是如今卻來了一個大逆轉：「欠債的是大爺，要帳的是孫子。」很多銷售人員憤慨而又無奈地說：「這一年，訂單簽了不少，但一分錢都沒見著，帳單倒是一大堆，年都要過不去了。」

遇到賴帳的「大爺」，有的銷售人員會忍氣吞聲，自認倒楣；有的則採用暴力手段，將「大爺」打進醫院，結果債沒要回來，還要賠付一筆醫藥費。這兩種極端的方法都是不可取的，皆會讓自己的「血汗錢」付之東流。

俗話說：「催帳就是戰鬥，戰鬥必用計謀。」銷售人員要學會與「大爺」們鬥智鬥勇，用智慧討回屬於自己的錢。

一般來說，討債有以下幾種方法，銷售人員可以仔細研究一下：

1.硬氣一點。

有的銷售人員受「欠債的是大爺，要帳的是孫子」的影響，要債時缺乏信心，見了客戶就一副卑躬屈膝的樣子，說話也猶豫不決、吞吞吐吐，彷彿是自己被催債。這樣，客戶就會覺得他「好欺負」，拒絕還錢。銷售人員應該硬氣一點，說話時要理直氣壯，向客戶表明「錢不到手，誓不甘休」的決心。這種強大的氣場會威懾到客戶，促其還債。

2.攻其軟肋。

攻其軟肋，就是債權人利用欠債人的一切弱點，對其進行「威脅」，「逼」對方還清欠款。就欠債對象而言，不論是個人還是公司，都會有其短處，可能有偷稅漏稅、做假帳、竊取商業機密等違法行為，也可能有產品品質不過關、欺騙顧客等需要承擔民事責任的行為。銷售人員可以用揭欠債對象的「短」為「要脅」條件，要求其還清債務。

3.走個後門。

透過走後門討債，也就是利用認清要帳。利用這種方法討債，就是要讓欠債人「拋不開面子」，主動將欠款還清。這個後門可以是欠債人的配偶、兒女、摯友、重要的合作夥伴等，只要善於發掘，銷售人員就可以如願以償，成功收回欠款。

某公司老總是個典型的「妻管嚴」，他的妻子為某機關的領導人，為人正直，從不佔人便宜，很多求這位老總吹「枕邊風」的人都以失敗告終。但是，有一位想透過她向這位老總討債的阿輝卻嚐到了甜頭。

這位公司老總欠阿輝的貨款，阿輝幾次要債都毫無收穫。後來，他將目標轉向了老總的妻子，就想到用走後門的方式要回這筆錢。他的方法很簡單，他並沒有用禮物、金錢等硬體，也沒有用一把眼淚一把鼻涕的「苦肉計」，僅僅找了一個機會，向她講述了這位老總欠債不還的惡劣行為，並透露了一點老總不正當經營競爭的事情。老總的妻子向丈夫證實後，大發雷霆，要求丈夫馬上「改過自新」。阿輝第二天就拿到了欠款。

4. 放出消息。

放出消息就是在要債之前，先放出一些「虛假」消息，比如，自己曾成功地要回五次呆帳；自己要帳的成功率是百分之九十，讓欠債人知道前來要債的是個催帳大師。同時，也會讓欠債人知道，對方來勢洶洶，大有「不要回錢誓不甘休」的決心，這也是《孫子兵法》上所講的「不戰而屈人之兵」。這樣，銷售人員就能佔領高地，事先給欠債人一個下馬威，警告其不要再賴帳，讓其惶恐不安。

銷售人員要注意一點，這是一種虛張聲勢、時效性很短的催帳方法。如果催帳時間過長，欠帳人就會摸清套路，不再上當。所以，銷售人員要盡量長話短說，縮短催債時間，要到錢後，趕緊「走為上策」。否則，一旦被對方識破，就會很難堪。

一言千鈞

銷售人員要注意一點，不要為達目的，不擇手段，因為兩家公司之間可能是長期合作關係，如果銷售人員的催債手段過於極端，很可能會影響企業間的後續合作，得不償失。

第6堂課

征服聽眾

妙語連珠彰顯演講魅力

「我叫不緊張」，輕鬆演講不怯場

美國某機構曾進行過一次調查，其中一個問題就是：「你最害怕的是什麼？」調查結果顯示：「死亡」居然屈居第二，名列榜首的竟是「當眾演講」。百分之八十的人表示：「站在演講臺上，看見臺下無數雙眼睛盯著我，我的心跳就會變快，腦門和手心直出冷汗，聲音也會顫抖，還忘詞，太丟人了。所以，我寧可死也不當眾演講。」

演講者之所以會感到緊張，是由強烈的畏懼心理引起的，這會讓演講者的呼吸系統、血液循環系統和部分內臟器官出現不良反應，從而滿臉通紅、汗如雨下、雙手發涼、兩腿打顫、說話結巴，嚴重者還會狼狽地逃離演講現場，從此不敢當眾說話。

在職場中，我們免不了要在眾人面前發言、演講，如果一個員工總是因緊張在關鍵時刻講不出話，那麼，他演講前的很多準備、努力就會化為烏有。久而久之，上司和同事就會給他貼上「膽小鬼」的標籤，他也可能因此而形成心理陰影，對演講臺產生抵觸情緒，這對他以後的生活和工作都會產生不利影響。

因此，我們要舒緩緊張心理，輕鬆演講不怯場。具體來說，我們可以從以下幾方面去做：

1.正確認識緊張。

我們應該認識到，演講時感到緊張是一種正常現象，很少有人能夠完全鬆弛、自信滿滿地走上演講臺。演講者要告訴自己：產生緊張心理是必然的，就像許多運動健將一樣，儘管他們有多次參加大賽的經驗，曾贏得過很多面金牌，破過幾次世界紀錄，但每次站在起跑線上做準備時，緊張感總會如影隨形，讓他們感到心中沒底。

但緊張並非是件壞事，實驗已經證實：適度的緊張感有助於運動員贏得比賽。從這個角度講，適度的緊張感會助演講者一臂之力，因為它能形成一種壓力，驅使演講者更專心地投入演講，讓其更加周全地考慮各種演講細節，從而降低出現失誤的機率。

2.準備要充分一些。

演講者要想做好充分的準備，首先要備好演講稿。演講者要盡量提高演講稿的品質，將演講稿背熟一些，如果一個演講者對自己的演講內容不滿或不熟悉稿子，他的緊張感就會加倍。

其次，要精心地設計一下演講時的手勢和姿態，這樣會讓演講更靈活一些。如果可以的話，演講者可以找兩三個要好的同事充當聽眾，給他們試聽一下，讓他們多提意見，以便即時修改。

另外，演講者應該早點到會場，熟悉會場的環境、音響效果等，向有關負責人瞭解一下聽眾的大體情況，如聽眾人數、年齡、性別、職位等。如果現場有聽眾，演講者還可以「自來熟」一點，與他們閒聊一下。如此一來，演講者就會有這樣的感受：演講只不過是一次擴大了的閒聊，聽眾只不過是聽自己說話的對象而已。這樣，在演講開始後，演講者的心情就會放鬆很多。

3.運用放鬆調節法。

如果演講者已經做好充分的準備，如熟悉演講稿、演講場地、聽眾後，還是感覺非常緊張，就可以運用放鬆調節法，讓自己的心情平靜下來。

一般來說，放鬆調節法分為以下幾種：

其一，冥想調節法。演講者可以用幾分鐘的時間回憶一下令自己開心的往事，也可以想像一下自己演講獲得成功後的歡樂場景。這樣一來，演講者的緊張感就會減少很多，身心會慢慢鬆弛下來。

其二，呼吸調節法。演講者可以透過深呼吸來調節緊張的心理，也就是「深吸氣——呼氣——深吸氣——呼氣」，這樣進行三～五次，就可以增強演講者腦內的含氧量，讓其內心趨於平和。

其三，表情調節法。演講者可以用手輕輕搓一搓臉部，使臉上緊繃的肌肉逐漸放鬆。同時，演講者可以盡量張大嘴巴，讓舌頭順時針轉五～八次，然後再逆時針轉動同樣次數。

其四，肌力調節法。這種調節法就是有意識地讓身體某一部分的肌肉，有規律地緊張和放鬆。比如，演講者可以握緊拳頭，然後鬆開；也可以做壓腿運動，不斷地壓緊和放鬆腿部肌肉。肌力調節法的目的就是讓演講者某一部分的肌肉先壓縮一會兒，然後再將其放鬆。這樣一壓一縮，可以讓人的身心感到鬆弛。

4.對自己說點「暗語」。

對自己說點「暗語」，就是自我鼓勵一下，給自己一點心理暗示，從而舒緩緊張情緒。比如，演講前，演講者可以這樣「自言自語」：「今天的聽眾都是平時很熟的同事，就當我在給大家講故事，沒什麼可緊張的。」「我的稿子經過張經理的指點，我還對著鏡子練過好幾次。所以，我很有信心。」透過這樣的「暗語」，演講者的信心就會增強很多，從而輕鬆地進行演講。

一言千鈞

很多員工演講時之所以緊張，就是因為一個字：怕。其實，仔細研究這個「怕」字，我們就會發現，「怕」是由心和白組成的，意思就是白擔心。怕就不必演講了？怕就會不忘詞？怕就會演講精彩，博得掌聲嗎？答案都是否定的，所以，演講者就不用白擔心那麼多事情，只要輕鬆地講出自己精心準備的內容，掌聲、鮮花自然會出現。

不走尋常路 獨特的開場白抓住聽眾注意力

俄國大文學家高爾基說過：「最難的是開場白，就是第一句話。如同在音樂上一樣，全曲的音調，都是它給予的，平常卻又得花好長時間去尋找。」千萬不要輕視看似簡短的開場白的作用：其一，它可以點燃聽眾的熱情，吸引大家的注意力；其二，它可以讓演講者言簡意賅地將演講的主題表達出來；其三，讓聽眾明白此番演講的意義。

演講者可以將這兩個開場白對比一下，就可以知道不同說法的效果差異：「大家好，我是客服部的李小燕，我今天要給大家講的是，如何回答難纏客戶的刁鑽問題？」「各位同事，演講之前，請允許我先問大家幾個問題，你是否曾接到過客戶大吐苦水的電話？你是否有被客戶罵得狗血淋頭的經歷？你是否想過三言兩語就讓客戶笑聲連連？那麼，請各位借我四十分鐘的時間，我，客服部的黃曉菲，將與大家分享一下一些優秀的客服人員與難纏客戶過招的秘訣。」結果不言而喻，大家一定會饒有興趣地聽黃曉菲的演講。

獨特的開場白可以吊足聽眾的胃口，迅速地讓聽眾將焦點聚集在演講者身上。聽眾會急不可耐地想聽演講內容，以看清演講者葫蘆裡到底賣的是什麼藥。

某著名服裝品牌有一句很給力的廣告語：「不走尋常路。」在設計開場白時，演講者也要「不說尋常話」，要另闢蹊徑，用獨特新穎的方式，讓聽眾為之一振。那麼，如何說出「不尋常」的開場白呢？我們可以借鑑以下幾種方法：

1.用名人的話開場。

引用是我們在寫作中頻繁使用的一種修辭手法，原因很簡單，那些名垂青史、舉世聞名的先哲聖人，已經被各個時代的人們認可，他們的言論也被眾人認同，很有權威性。演講者也可以引經據典，用名人的話語展開演講。用一句聽眾耳熟能詳的名人名言開場，比用一堆華麗辭彙的效果要好出幾倍。當然，前提是這句話語要與你的演講主題有關聯。

2.設置一點懸念。

「尊敬的主管，親愛的同事們，大家早安，我是……」這種自報家門的方式會讓聽眾產生「又是老一套」的想法。如果演講者想讓聽眾覺得耳目一新，將目光全部鎖定在你身上，你就要學會「超凡脫俗」，讓聽眾覺得你的演講很有可聽性。要做到這一點，演講者可以設置點懸念。為什麼懸疑片那麼受歡迎？就是因為它激發了觀眾的好奇心，演講者也要學會賣關子。

3.反彈琵琶。

陳良樂是一家食品公司的人力資源總監，他的偶像就是上個月剛剛退休的老上司──何總。陳良樂說，何總的口才很好，創新能力也很強，常常能用別人想不到的方式做事。

陳良樂講了這樣一件事情。那是他剛剛進入這家公司的時候，何總負責給新員工培訓。何總剛一開口，就讓臺下的新員工迷惑不解：「我本來想祝福你們這些剛剛畢業的大學生，能在這家公司無往不利，前程似錦，但我仔細一想，覺得這樣說太不適合。」

這句話將新員工們弄得丈二和尚摸不著頭腦，大家凝神聽下去，想看看這位總監到底在賣什麼關子。何總繼續說道：「祝大家在新公司無往不利，就如同祝老人長命百歲、萬壽無疆一樣，是個美麗而又騙人的謊言。職場路漫漫，你們必然會遇到許多困難和挫折，比如完成不了銷售額，與同事不和……無往不太利的職場才是真實的，在狂風巨浪中逆流而上，才會磨練堅強的意志，贏得更多機會，創造更輝煌的成就。所以，我祝福你們這群『新兵』能在坎坷不平的職場旅途中，用自己的雙手搏出一個燦爛的未來！」

陳良樂說：「我已經在這家公司做了五年，但是何總當初那番話，我仍然記憶猶新。尤其是他那獨特的開場白，讓我欽佩不已。」

無往不利是一句吉祥祝語，而何總偏偏反彈琵琶，語出驚人：「不希望大家無往不利。」這句開場白猶如平地驚雷，炸起了新員工的傾聽熱情。在接下來的演講中，他將自己這麼說的原因娓娓道來，告訴新員工今後將要面對的困難。這樣的演講會給人留下難以磨滅的印象，也是不足為奇的。

演講者在運用反彈琵琶的方式設計開場白時，要注意掌握分寸。如果把握不好，就可能會變為口出「惡語」的「惡人」，引起聽眾的不滿。演講者要認真分析聽眾心理、接受程度等，然後出奇制勝。

4. 用數字說話。

很多時候，我們會對數字很敏感，演講者可以利用這一點，在開場白中多用一些數字，以吸引聽眾的注意力。

南達科他州北部州立大學的希瑟．拉森曾進行過一次關於乳腺癌的演講，她的開場白就是由眾多數據組成，成功地激發了聽眾的興趣。

她是這樣開場的：「每十一分鐘就有一個美國人死於乳腺癌，這個數量是死於謀殺犯罪案人數的兩倍。今年有四萬六千人死於這種病，而八年越南戰爭的死亡人數也不過是這個數字。在近十年的時間裡，美國人死於這種病的人數是死於愛滋病十三萬三千人數的三倍。這種病將使妳我和其他美國人今年在醫療費用上花費掉超過了六十億美元，並失去勞動能力，更不用說我們所遭受到的生命損失了。我所說的患乳腺癌這種疾病的浪潮可能會直接襲擊我們在座的每一個人。」

5. 倒敘開場白。

「我姐姐是全臺最美麗的人」，如果妳是一位化妝品推銷員，那麼，妳就可以在為公司的化妝品做宣傳演講時，用這樣的開場白吸引顧客。接下來，妳可以說：「她總是這樣對我的家人說。」這樣顛倒語序的說話方式，可以讓聽眾心中升起疑團，從而留心妳接下來的演講內容。等到聽眾將焦點集中在妳身上時，妳就可以向他們做出解釋。

6.別特意提及重要人物。

在開場白中，演講者最好不要特意提及某位重要人物，比如：「能參加這次演講，我首先要感謝張總裁，謝謝他給了我這次寶貴的機會……」諸如此類的官腔開場白，適合在非常正規的場合、面對眾多高層領導時使用。如果演講者想讓聽眾注意臺下的某個領導，只需在演講中提到其名字即可。

一言千鈞

演講者不能為了追求反彈琵琶的效果，而大談一些歪理謬論，也不能掛羊頭賣狗肉，說些與演講內容無關的開場白。這樣的演講方式，會給聽眾留下不好的印象。演講者要知道：無論多麼新穎的觀點都要建立在真理之上。

妙語生輝，巧用修辭讓演講精彩萬分

在職場演講中，我們會發現這樣的現象：有的人的演講稿寫得文采飛揚，但一講出來，卻毫無感染力；有的人的演講稿語言平實，但他一張嘴，就能吸引聽眾的注意力，贏得陣陣掌聲。

這是為什麼呢？原因就在於書面修辭和口語修辭的不同。

口語修辭是一種將話說得準確、生動、通俗易懂的語言表達技巧。它與書面修辭有許多相似之處，但是，它的表現形式更豐富一些：一個詞語或一段話，書面修辭只有一種，但口語修辭卻可能有幾十種，甚至幾百種。

演講稿是靜態的語言，書面修辭的任務就是對其進行加工潤色，讓其文字優美。而演講就是要將這種靜態語言轉變為動態，這就需要用口語修辭將演講稿改造一下，使其變成生動的有聲語言。

那麼，演講中可以運用哪些口語修辭呢？

1. 比喻——形象生動。

比喻，就是打比方，即以彼物比此物。也就是在說明一個事物時，不是直接去說，而是透過描述或說明另一個事物來達到目的。演講時，靈活運用比喻修辭可以使晦澀難懂的問題形象化，也就是可以將複雜的事物變簡單，還能讓語言變得更生動，從而大大地加深演講的感染度。

一次演講中，有聽眾問愛因斯坦：「究竟什麼是相對論？」如果用專業術語來解釋這個高深的理論，一定會冗長晦澀，讓聽眾聽得如雲裡霧裡，很難理解。

愛因斯坦想了想，說道：「你與你最親愛的人坐在爐子邊，一個鐘頭過去了，你覺得好像只過了五分鐘。而如果你一個人孤單地坐在熱氣逼人的火爐邊，只過了五分鐘，你卻像坐了一個小時。這就是相對論。」

愛因斯坦巧用人的感受做比喻，將相對論解釋得具體、貼切，讓聽眾一下就理解了這個高深的理論。

2.引用——凸顯力度。

引用是指借用現成語、詩句、格言、典故等，來表達自己的思想感情，說明自己對新問題、新道理的見解的修辭手法。演講時，引用名人名言、俗語諺語、詩詞歌賦、經典文章等，不僅能提升演講的內涵，而且能讓語言更有說服力，讓聽眾體會到演講者的真實感受。

3.排比——強大氣場。

排比是利用三個或三個以上意義相關或相近，結構相同或相似和語氣相同的片語或句子並排，達到一種加強語勢的效果。排比句會給人一種氣勢如虹的感覺，讓演講者更有氣場。

法蘭西第五共和國首任總統夏爾·戴高樂在《誰說敗局已定》的廣播演講中，曾運用過一組排比句：「幅員遼闊的帝國是她的後盾；控制著海域並在繼續作戰的不列顛帝國可以和她結盟；美國雄厚的工業力量可以像援助英國一樣，成為她源源不斷的後援……」震撼力的排比句，把當時對法國有利的國際形勢講給人民聽，有力地證實了「法蘭西並非孤軍作戰，並非單槍匹馬」的話語，讓人民堅定了打敗納粹的決心。

4.對偶——朗朗上口。

對偶就是用兩個字數相等、結構相似的語句，表現相關或相反的意思，或用兩個對稱語句加強語言效果。比如：「虎不怕山高，魚不怕水深」、「橫眉冷對千夫指，俯首甘為孺子牛」、「良言一句暖三冬，惡語傷人六月寒」等。在演講中運用對偶，可以使語句工整，同時又朗朗上口，讓人聽得比較舒服。

5.反問——加強語氣。

反問也叫「激問」、「反詰」、「詰問」，是用疑問的形式表達確定的意思，以加重語氣的一種修辭手法。反問只問不答，答案暗含在反問句中，人們可以從反問句中領會到表達者的真意。在演講中使用反問的修辭手法，可以讓演講更有震撼力。

一言千鈞

一次精彩的演講一方面要有條理性、邏輯性，另一方面要含有必要的技術性、藝術性，善用修辭就可以讓演講同時滿足這兩方面的要求。但演講者運用修辭時要注意一點：一定要將修辭緊密地與演講主題聯繫在一起，不要讓兩者風馬牛不相及，否則演講就可能因此而失色。

演講內容一波三折，聽眾興趣更盎然

有時候，我們會看到這樣的情景：臺上的演講者長篇大論、講個沒完，臺下的聽眾卻打著哈欠、昏昏欲睡。這樣的演講者多半是板著面孔空講大道理，內容缺乏新意，大都是老掉牙的理論。聽眾自然會意興闌珊，多半都會去與周公會面。

「文似看山不喜平」，精彩的演講不能太過平淡，要疏密相間，一波三折，才能讓聽眾集中注意力，饒有興趣地聽完演講，這與相聲中抖包袱的道理是相似的。

某公司曾舉行過一次以心理學為主題的演講，銷售部的蕭景講到「不要被表象迷惑」時，講了一個《山獸》的故事。

從前，山腳下有一個小村莊，住著很多善良的村民。一天，從山上下來一群自稱是「山獸使者」的流氓，他們牽著幾頭兇神惡煞的山獸，說：「這種山獸很有靈性，需要拜祭，你們要捐點財物出來。如果有人不捐，山獸就會發怒咬人。」村民們被山獸可怕的外表嚇壞了，都紛紛拿出錢和糧食，以求平安。

這天，「山獸使者」們又下山了。他們走到一戶人家門口，大聲喊道：「趕緊拿錢、給糧！」這家住著一位白髮蒼蒼的老人和他的小孫女。老人打開門，嚴肅地說道：「你們就是強盜，我不會給你們一分錢、一粒米！」

為首的流氓生氣地說道：「老頭，你趕緊拿東西，要不然，我就放山獸咬你！」

小孫女看著那幾隻長相醜陋的山獸，嚇得直哭。

老人拍拍她的頭，說道：「乖孫女，別怕，去端盆水過來。」

流氓還在嚷嚷：「快點，快點，山獸已經不高興了。」

老人沒有理他，而是撿起了一根木棍，這時，小孫女將水端了過來。老人接過水盆就向山獸潑過去，幾分鐘後，山獸就變了樣子。

原來，那山獸就是體型大一點的野貓，流氓把牠們的毛染了顏色，還梳得亂七八糟的，就顯得很兇。老人舉著棍子，大聲喊道：「你們還不趕快走，要不然我把你們的山獸都打死！」流氓們見詭計被拆穿，趕緊逃跑了。

講完故事後，蕭景說道：「眼見不一定為實，很多時候，我們不能被表象迷惑，要透過現象看本質，這就需要心理學的幫助。在銷售中……」

蕭景把《山獸》的故事講得一波三折，引人入勝：首先講山獸的兇惡，小孫女的害怕，立刻抓住了、吊起了聽眾的胃口；接著講老人的冷靜，讓小孫女端水，讓聽眾急切地想知道老人要做什麼；最後講老人揭穿流氓的騙局，趕走了惡人。如果蕭景按照一般的敘事順序講這個故事，從流氓給野貓染色講起，聽眾就無心聽後面的內容，感覺這個演講索然無味。所以說，要想讓自己的演講更有感染力，演講者就要讓內容波瀾起伏、一波三折。

一般來說，運用以下幾種方法，可以讓演講內容更加戲劇化：

1. 語言要多變。

演講時，如果從頭到尾都用同一種調調，像教書先生搖頭晃腦地講古文一樣，很難讓聽眾打起精神認真聽，而且會嚴重地影響演講效果。

演講者應該用多樣化表達方式，比如：以短句為主，長句為輔；將通俗易懂的口語與華麗優美的書面語結合；幽默詼諧語言與嚴肅話題巧妙結合。這樣，演講中既有頗具見地的精闢道理，也有引起聽眾共鳴的話題，聽眾就會對此次演講有意猶未盡的感覺。

2.善用轉折詞。

轉折詞可以讓演講內容跌宕起伏。維克多．雨果在紀念法國思想家伏爾泰百年祭日的演說中，開頭第一句就說：「一百年前他死了，但是他的靈魂卻是不朽的。」他用一個轉折詞「但是」拉開演講帷幕，說出了自己對伏爾泰的高度評價。這樣帶有評論味道的講述，雖是直敘卻並非平鋪，「但是」一詞讓聽眾更加關注其後的內容。這樣的轉折詞讓雨果在一開始就抓住了聽眾的心，為後面的演講鋪平了道路。

3.做好鋪墊。

愛因斯坦曾以《要使科學造福人類》為主題進行過一次演講：「看到你們這一支以應用科學做為自己專業的青年人的興旺隊伍，我感到十分高興。我可以唱一首讚美詩，來頌揚應用科學已經取得的進步，並且無疑地，在你們自己的一生中，你們將把它更加推向前進。我所以能講這樣一些話，那是因為我們是生活在應用科學的時代和應用科學的家鄉。但是我不想這樣來談……在戰爭時期，應用科學給了人們相互毒害和相互殘殺的手段。在和平時期，科學使我們生活匆忙和不安定……你們會以為在你們面前的這個老頭子是在唱不吉利的反調，可是我這樣做，目的無非想使你們一生的工作有益於人類，那麼，你們只懂得應用科學本身是不夠的……」

本來，愛因斯坦是要講科學技術給人類生活帶來的不良影響，但他在唱「不吉利的反調」之前，先用肯定的話語將聽眾的情緒調動起來，然後將話鋒一轉，說「但是我不想這樣談」。他這樣的轉折，就會起到「一石激起千層浪」的作用，聽眾會紛紛猜測：「他到底想談什麼呢？」會急切地想聽他揭開謎底。這樣，看似平淡卻內有玄機的鋪墊，就為愛因斯坦的演講增色很多。

一言千鈞

一位著名的賽車手說過：「我喜歡挑選轉彎多的場地練車、比賽，而不喜歡一馬平川的大路，這是因為前者比較有挑戰性，而後者比較乏味，太不刺激。」演講也是如此，沒有聽眾會喜歡聽了開頭就知道結尾的演講，相較之下，一波三折的演講內容則更具吸引力。

講個生動故事，激發聽眾興奮點

中國海爾集團創始人張瑞敏曾說過：「提出新的理念並不算太難，但要讓人們都認同這一新理念，那才是最困難的。我常想：《聖經》為什麼在西方深入人心？靠的就是裡面一個個生動的故事。推廣某個理念，講故事可能是一種方式。」演講也是如此，如果適當地穿插一兩個故事，會讓聽眾感覺演講很生動，此次演講也會更深入人心。

某著名廣告公司經調查發現：在演講後的一個小時內，聽眾將會忘掉百分之五十的內容；一天後，則會遺忘百分之八十的內容；一週後，百分之九十五的內容將被忘記。而聽眾記住的百分之五的內容就是演講者所講的故事、例子，或親身經歷。所以，要想讓自己的演講內容給聽眾留下深刻印象，演講者就要學會講故事。

俗話說：「看花容易繡花難。」講故事看似簡單，只是說出時間、地點、人物、事件等就可以，其實不然。同樣的故事，有的人可以講得活靈活現、引人入勝，讓人聽得興致盎然、意猶未盡。但有的人就會講得平淡無奇、枯燥無味，讓人聽得直打哈欠、昏昏欲睡。所以說，會講故事也是一種能力，需要學習。

講好故事，為演講增色，演講者可以學習以下幾種講故事的技巧：

1.瞭解故事的講述特點。

講述故事的語言與其他語言表達形式是有一定差別的，它最大的特點就是口語性強、個性化強。所以，演講者選定一個故事時，不要很快就著手練習、背誦，而是要先將故事修改一下，讓它的文學色彩弱一些，更平民化、口語化一些。這樣，聽眾聽起來會有一些親切感，也更易理解。

2.給故事加點幽默調料。

講故事時，演講者適當地添加一點幽默語言，不僅會博得聽眾的笑聲，而且會讓故事變得生動有趣。

著名作家吉卜林在向英國一個政治團體發表演說時，就不時地運用幽默語言講故事，使全場笑聲不斷，演講氛圍極好。

吉卜林講道：「主席，各位女士先生們：我年輕時，曾在印度當記者，專門替一家報社報導犯罪新聞。這是很有趣的一項工作，因為它使我認識了一些騙子、拐騙公款者、謀殺犯以及一些極有進取精神的『正人君子』。有時候，我在報導了他們被審的經過後，會去監獄看看這些正在服刑的老朋友們。

我記得有一個人，因為謀殺而被判無期徒刑。他是位聰明、説話溫和有條理的傢伙，他把自己的『生活的教訓』告訴了我。他說：『以我本人做例子：一個人一旦做了不誠實的事，就難以自拔，一件接一件不誠實的事一直做下去。直到最後，他會發現，他必須把某人除掉，才能使自己恢復正直。』哈，目前的內閣正是這種情況。」聽眾聽後，哄堂大笑，並報以熱烈的掌聲。

吉卜林並沒有用平實的語言講述一件往事，而是不時地說出幽默話語，讓聽眾聽得心情愉悅。然後，他再巧妙地將話鋒轉到演講主題上，讓聽眾感覺很自然，一點也沒有唐突感。

3. 不要省略細節。

演講者講故事時不要將細節全部省略，要將聽眾能夠涉及到的事實、特定細節一一講述出來。比如，故事裡講到的洗面乳，演講者可以說出耳熟能詳的洗面乳品牌。這樣講出來的故事聽上去很真實，很貼近聽眾的現實生活，演講者與聽眾也會無形中拉近很多。

4.少用帶有解釋色彩的辭彙。

講故事時，演講者盡量少用帶有解釋色彩的辭彙，像「因為……所以……」。要多用描述性的語句。比如，在描述一個故事情節時，與其說「因為那天的公車遇到塞車塞很久，所以他上班遲到了」，不如說「那天的公車遇上塞車塞得很厲害，導致他上班遲到了」。再如，說「因為那是二十二樓，所以，我站在窗臺上擦玻璃時，兩腿發抖」，不如說「我站在二十二層樓的窗臺上擦玻璃，兩腿發抖」，這樣，聽眾就不會思維混亂，能理解演講者要表達的重點意思。

5.別單純地講故事。

在演講中講故事的最終目的除了要引發聽眾的傾聽興趣外，更重要的是透過故事引出或詮釋演講的主題。所以，演講者一定要讓故事與演講主題形成相輔相成的關係，否則，這個故事就失去了原有的意義。

劉傑瑞在一家商場賣液晶電視。一個週日，來商場看電視的人非常多，劉傑瑞覺得一對一的介紹太費時間，就將十幾個顧客聚在一起，開始了一場銷售演講。

一個顧客問道：「我覺得A牌和B牌的電視都不錯，它們有什麼區別嗎？」

劉傑瑞說：「買液晶電視就要買螢幕好、清晰度高的，在這一點上，A牌的就比B牌的要好一些。」隨後，劉瑞又給客戶講了A牌電視機廠商對螢幕製造要求嚴格的一個小故事。正當這位顧客表現出購買A牌電視機的意願時，劉傑瑞為了「討好」他，說道：「先生，您這皮鞋看起來挺有質感的，是高級貨吧？」顧客的注意力一下轉到了皮鞋上，他開始和劉瑞滔滔不絕地講起自己買鞋的經驗。這一聊，其他想買的顧客感到自己受到了冷落，紛紛離去。而這位顧客最終也找了個藉口，空手離去。

劉傑瑞之所以一臺電視機也沒賣出去，就是因為他忘記了自己講故事的最終目的。另外，演講人員講故事時，要設計一些相對的手勢、表情，讓聽眾在享受聽覺「大餐」的同時，也過過「眼癮」，這會讓故事更加妙趣橫生。

一言千鈞

講故事時，演講者的語氣要堅定，多用肯定詞。如果一個演講者講故事時，總是用「大約是在六月份」、「可能是姐妹倆」、「好像是在華盛頓」等猜測話語，就會大大降低故事的可信度，聽眾會認為他是在胡編亂造、信口開河。

適時與聽眾交流，互動演講很精彩

對於演講，很多人會有這樣一種認識：「演講就是我把內容說給臺下的人聽，我的任務是說，而聽眾要做的就是聽，彼此互不干涉。」這種想法就將演講的概念變得狹隘了，因為演講不是像單口相聲一樣的個人表演，它需要演講者與聽眾交流，進行互動。

互動，這種雙向交流的演講方式，會讓聽眾感覺自己不是局外人，也是參與演講的一員，他們會因此而更加集中注意力聽演講。同時，這種方式也會拉近演講者與聽眾的心理距離。

那麼，互動的方式都有哪些呢？

1. 向聽眾提問。

在演講過程中，演講者可以適時地向聽眾提出一些簡單的問題，讓聽眾來回答。這種提問式的互動方法，可以激發聽眾的參與熱情，活躍現場氣氛。

梅子是一家服裝公司的銷售總監，因為她有很豐富的銷售經驗，公司老闆就讓她舉辦一次經驗交流會，向銷售新手傳授一下「獨門秘笈」。

在交流會上，梅子像很多演講者一樣，一板一眼地講述銷售經驗。但她很快發現，臺下的人似乎對此並不感興趣，還有兩個員工居然睡著了。梅子想：「得改變一下演講方式，要不一會兒就都睡著了。」想到這裡，梅子決定與大家互動一下。

她將嗓音調高了一些，向臺下的員工拋出了幾個問題：「各位同仁，如果我們想提升自己的銷售水準，就要徹底瞭解完整的銷售體系，是不是？」

「接下來，我將跟大家分享如何說話，才能打動客戶，你們要聽還是不要聽？」

「當我們遇到相識很久的客戶，卻從未買過我們產品的客戶，我們是繼續與他交往，還是從此放棄他？」

這一系列的問題一下點燃了臺下員工的傾聽熱情，他們不僅爭相回答梅子的問題，而且認真地將梅子說的經驗記在筆記本上。演講結束後，員工們還意猶未盡，希望梅子能多進行幾次這樣的演講。

2.走下臺去。

演講者不要認為講臺就是自己的「根據地」，一定要堅守到底，可以走下講臺，走到聽眾席中間互動。

王女士原來是一個咖啡經銷商，很少有對公眾講話的機會。自從去年，她參加了咖啡愛好者協會，後又出任了會長助理一職之後，演講的機會就變多了。

從一開始談選咖啡的推動經驗，到後來向大眾推廣咖啡文化，慢慢地，她累積了不少演講經驗。每次上臺之前，她都會準備好故事，想清楚演講的重點，甚至會備齊與聽眾互動的道具。

在一場兩小時的咖啡文化演講中，她會先給現場聽眾講一個小故事：有一個十幾歲的女孩在咖啡店打工，她每天聞著咖啡的味道，只是覺得很香，沒有別的感覺。慢慢地，女孩從老闆娘那裡瞭解到了很多咖啡知識，她開始學會品咖啡，關注咖啡背後的文化內涵。女孩的知識越來越豐富，整個人也變得很有氣質。

王女士透過這個故事慢慢延展演講主題：咖啡不僅是一種飲品，也代表一種文化，有很深層的藝術內涵。隨後，她說道：「相信大家對咖啡有了更深層次的瞭解，那麼，我現在就沖咖啡給大家喝。」說完，她就走下講臺，在聽眾席中擺開器具，開始沖咖啡。

接下來的演講就在濃濃的咖啡香中進行，聽眾聽得津津有味。

3.請聽眾上臺。

演講者可以設置一些互動環節，讓臺下的聽眾走上臺，這樣可以消除自己與聽眾之間的陌生感，讓現場的氣氛熱烈一點。而且，演講者可以根據聽眾的表現，配合一些特別的臉部表情、身體動作和聲音，效果會更好。

4.用眼神互動。

眼神的交流是人與人之間最能傳神的非語言溝通。在話劇、歌唱等表演中，除了表演需要背對觀眾外，演員都會直面觀眾，目的就在於與觀眾進行眼神互動。

有的演講者會忽視眼神互動的作用，在臺上時，他們會下意識地將頭轉向大螢幕，背對聽眾，或一直盯著天花板、腳尖，這都是演講的大忌。這樣既不尊重聽眾，也是心裡緊張的表現。

演講者與聽眾進行眼神互動的好處在於，可以與聽眾有雙向交流，即時瞭解聽眾對演講內容的理解程度，同時也是在暗示聽眾要認真聽演講。

那麼，演講者應該如何運用眼神進行互動呢？在日常生活中，我們通常會用環視、注視、虛視、盯視、凝視等方式與別人進行眼神交流。在演講過程中，演講者可以用其中的環視方法與聽眾進行互動，盡量能與每位聽眾都做一次眼神交流，交流時間為五～十秒左右。

一言千鈞

互動時，如果演講者碰到很喜歡表現自己、說起話來沒完沒了的聽眾，就要即時克制他的講話欲望，以免影響演講的進程。但是，演講者不要直截了當地打斷他的講話，可以用委婉的方式。比如：「先生，您的想法很獨特，演講結束後，我們單獨交流一下，您覺得怎麼樣？」這樣，他就會欣然接受建議，回歸到聽眾的身分中。

演講動口也動身，肢體語言勿忽視

「資訊一定要透過說話才能傳遞嗎？」答案是否定的。比如，當我們看默劇表演時，演員從頭至尾都沒有說話，但我們依然能夠明白他們要表述的意思。正如德國表演大師吉布．佩森所說：「我就靠我的動作、姿態向人們昭示我的內心世界，昭示我的所思所想，昭示我的喜怒哀樂。」

人際關係專家經研究表示，在人們交流過程中，百分之五十五的資訊是透過視覺傳達的，比如：身體動作、臉部表情等，也就是肢體語言。在演講中，如果演講者能夠恰如其分地運用肢體語言，就能為整場演說錦上添花。

一般來說，演講者可以運用以下幾種肢體語言：

1.臉部語言。

根據生理學家的研究，人的臉部肌肉組織是由二十四雙肌筋交錯構成。這些臉部肌肉組織所產生的感情表現，不受國界、地區、人種的限制，是對於任何社會的人都通行的交際手段。

演講中，聽眾可以透過演講者的臉部表情感受其情緒變化，而且，聽眾大腦皮層的有關區域會產生優勢興奮中心，從而在聽眾與演講者之間產生心理共鳴，起到有聲語言有時發揮不到的作用。比如：當演講者在對某一觀點表示不滿時，往往會撇撇嘴角、眉毛上挑、腦袋稍偏；當演講者對聽眾的某個提問感到吃驚時，一般會張大嘴巴、瞳孔放大；當演講者說到某個開心的話題時，可能會眉飛色舞、嘴角上揚等。簡而言之，臉部語言是人的內心變化的反映。因此，演講者一定要注意自己的臉部表情，時而含笑，時而深沉。在眾多的臉部表情中，演講者應以微笑做為基礎。

2. 手勢語言。

很多人在演講中會無意識地用一些手勢：有的演講者從開始到結束，兩隻手始終放在褲線上，一直都保持著立正的姿勢；有的演講者則像個害羞的孩子，他們總是將兩隻手交叉握在一起，不時地摩挲；有的演講者會將手伸出來，在空中比劃幾下，但是他們的動作卻很不自然，給聽眾一種生硬、彆扭的感覺。這都是錯用了手勢語言的表現。

手勢語言是演講者運用手指、手掌和手臂的動作變化，表達思想感情的一種體態語言。美國心理學家詹姆斯認為：「在身體的各部分中，手的表達能力僅次於臉。講話中的衝動，也往往可以從手的動作幅度、位置、緊張程度等方面表現出來。」在演講中，適當地運用手勢語言，對於加強演講的感染力、影響力有著舉足輕重的作用。

在運用手勢語言時，演講者的動作一定要自然協調，要隨著演講內容、自己情感和現場氣氛的變化，自然地流露出來，不能生搬硬套，勉強去湊手勢。

另外，演講者要控制使用手勢語言的次數，不要太頻繁。否則，就會讓聽眾感到眼花撩亂、頭昏腦脹，無心聽演講。

3.站姿語言。

有的人在演講時，會不斷地抖腿、踮腳、左右踱步等，這些站姿語言表現了演講者內心的緊張不安，會極大地影響演講效果。

一家廣告公司的業務經理受到老闆的委派，向一個大客戶宣講最新的廣告企劃案。這個企劃案的創意非常好，如果沒有意外，大客戶一定會簽約。但是，結果卻以失敗告終。原因就是這個業務經理進行企劃案的演講時，總是在幻燈機前走來走去，還不時地抖腿。大客戶覺得業務經理之所以會有這樣的表現，是因為他對廣告企劃案沒有信心，所以，大客戶決定與另外一家公司簽約。

另外，演講者不必一味地追求「站如松」的效果，可以根據演講內容或實際情況移動一下，這可以達到動靜結合的效果。比如：當演講者想表達憤怒、痛苦、悲哀等消極情緒時，可以向後退步；當演講者想表達興奮、愉悅、開心等積極情緒時，可以向前移步；當演講者說到重點內容，想要引起聽眾注意時，可以適當地左右踱步等。

一言千鈞

演講者要摒棄「演講就是要站著不動，直到把話說完」的想法，很多時候，演講者要向健美教練學習，健美教練就是在公眾面前，邊運動邊講解健美動作。當然，這並不是鼓勵演講者要邊跳邊講，而是要將演講變得多元化，不僅透過語言傳達資訊，而且要用肢體語言向聽眾表達自己的真情實感。

重視演講效率 滔滔不絕易讓聽眾意興闌珊

我們都知道，演講不是上臺露個臉，繼而轉身離去的舞臺秀，也不是說話喋喋不休，講起來沒完沒了的話家常，而是在一定時間限制內，向聽眾傳達資訊的一種公眾活動，這就涉及到演講時間的掌控問題。

捷克諷刺作家哈謝克在其名著《好兵帥克》裡描寫了一個人物——克勞斯上校，他以說話囉嗦而聞名。他有一段對軍官的「精彩」演講：「諸位，我剛才提到那裡有一個窗戶。你們知道窗戶是個什麼東西，對嗎？一條夾在兩道溝之間的路叫『公路』。對了，諸位，那麼你們知道什麼叫溝嗎？溝就是一批工人所挖的一種凹而長的坑，對，那就叫『溝』。溝就是用鐵鍬挖成的。你們知道鐵鍬是什麼嗎？鐵做的工具，諸位，不錯吧，你們都知道嗎？……」

克勞斯上校的這番演講，雖然是出現在文學作品中，有作家的誇張描寫成分存在，但在現實的演講中，確實存在滔滔不絕的演講者。

據說，美國作家馬克·吐溫曾聽一個教士佈道。他覺得這個教士的演講很精彩，便萌生了這樣一個念頭：給教士五十元做為報酬。但當教士講到十分鐘時，他便決定只給十元。當教士說了三十分鐘還沒有結束時，他決定只給一元。到了一個鐘頭，教士還在滔滔不絕地演講，他不但不想給錢了，還從教士的盤子裡拿走了十元，生氣地離開了。

戴爾·卡內基曾說過：「腦子裡所能吸收的，超不過屁股所能忍受的。」在這個大多數人都信奉「時間就是金錢，時間就是效率，時間就是生命」的時代中，如果有人站在演講臺上，就沒有了時間觀念，長篇大論就是不進入主題，那麼，他無疑會成為「顧人怨」。反之，如果有人能將自己的想法濃縮成幾分鐘的演講，就會猶如一陣微風，給聽眾春風拂面的溫暖感覺，聽眾會用熱烈的掌聲稱讚他的言簡意賅。

在劍橋大學的一次畢業典禮上，整個大禮堂裡坐著上萬名學生，他們在等待偉人邱吉爾的到來。

在隨從的陪同下，邱吉爾準時到達，他步履輕快地走上講臺。隨後，邱吉爾脫下他的大衣遞給隨從，接著摘下帽子，他默默地看著臺下的學生。一分鐘後，邱吉爾才不緊不慢地說出了一句話：「Never give up（永不放棄）！」

講完這句話後，邱吉爾穿上大衣，戴上帽子，迅速離開了會場。整個會場寂靜無聲，很快，大家明白了邱吉爾的用意，他們用力地鼓起掌，以感謝他的精彩演講。

這是邱吉爾的最後一次演講，也被人們稱為是「最精彩的一次演講」。他僅僅用了三個單字，就將自己的演講主題說了出來，成為演講界永遠的經典。當然，我們並不是鼓勵大家都用幾個字做一次演講，而是該簡則簡，能省則省。尤其是遇到演講人數過多、時間有限等特殊情況，演講者更要隨機應變，精簡內容。

一言千鈞

「濃縮的都是精華」，演講也是如此，將一個小時能講完的長篇大論縮至十五分鐘，甚至五分鐘，會有意想不到的收穫。當然，這是建立在能準確將演講內容表達完整的前提上，如果演講者為了追求短而大面積刪除內容，就會讓演講出現殘缺，導致失敗。

說段漂亮結束語，贏得滿堂喝采聲

根據科學家研究，人們在聽過一段消息後，會有瞬間的記憶，所以，越是後段的資訊，人們對此的記憶越深刻。而結束語是整個演講的點睛之筆，如果說得妙，就會給整個演講畫上完美的句號；如果說得糟，聽眾就可能忘記前面的精彩演講，而只記得這個糟糕的結尾，整個演講就會因此毀於一旦。

有的演講者在整個過程中都表現得不錯，但結尾卻讓聽眾大失所望，比如：「今天我到這裡來，本來是不準備上臺發言的，但主持人一定要我說兩句，我就恭敬不如從命，簡單地講了幾句。由於時間關係，本人也沒有充分地準備，所以就說了一些不成熟的想法，僅供大家參考。如果有得罪各位的地方，也請大家多多包涵，因為本人的經驗畢竟不多，謝謝大家啊！」這個陳舊、乏味、廢話連篇的結束語猶如一顆「老鼠屎」，壞了「整鍋粥」。

要想贏得滿堂喝采，演講者就要用心琢磨結束語，讓它像開場白一樣氣勢如虹，像中間內容一樣字字珠璣。以下是幾種說好結束語的方法，演講者可以借鑑一下：

1.總結歸納法。

演講最常用的結束語就是用精簡的話語，總結歸納整個演講的中心思想和主要內容，突出主題。這種結束語能起到提示、強化的作用，會讓聽眾記起前面的演講內容，給聽眾留下完整而深刻的印象，整個演講也會因此而顯得結構嚴謹，思想明確。

莎士比亞的名作《凱撒大帝》中曾有這樣一幕場景：伯魯特斯對市民演講他刺死好友凱撒全是為國為民，這個演講的結束語就是用了總結歸納法：「臨了，我要告訴諸君一聲：因為羅馬帝國，我不得不刺殺我的好友凱撒，刺死凱撒的便是我，便是這把短劍。假使他日，我的行動和凱撒一般，請諸君就用這把短劍來刺我吧！要是大家的行為，也有和凱撒一樣的，那麼這把短劍，終是不肯饒過你的。請諸君認清這把短劍，請諸君認清賣國賊，認清愛國的好漢。」

伯魯特斯的演講結束言語只有一百餘字，卻完全概括了他整個演講的主要內容，讓聽眾明白了他內心所想。

2.前後照應法。

前後照應法就是與開場白相呼應，但在寓意上比開場白深一層的結束語形式。但演講者要注意一點，使用前後呼應法結束演講時，不要只是簡單地重複開場白，而應該將開場白昇華一下，加深內涵，讓聽眾覺得很有深度。

3.喻理於情法。

喻理於情就是用抒情的方式結尾，這往往是演講者在敘述典型事例和生動事理後，油然而生的感情。以這種方式結尾，不僅會給聽眾某種啟迪，而且會讓聽眾如沐春風，有意猶未盡的感覺。

4.留有疑問法。

留有疑問法就是以提問方式結尾，這種結束語不僅會給聽眾留下思考的空間，而且會如「既去而餘音繞樑，三日不絕」，讓聽眾回味無窮。

一位演講者在《人生的價值何在》的結尾，說了這樣一段結束語：「親愛的朋友們，在漫長而又短暫的人生之路上，我們將做些什麼？創造些什麼？留下些什麼呢？」

演講者用留有疑問法結束演講，讓聽眾陷入思考之中。每每想起這個問題，聽眾可能都會記起那次精彩的演講，久久不能忘記。

5.祝福讚頌法。

人人都愛聽好話，而真誠的祝福和讚揚的話語更是受人歡迎，這樣的話本身就充滿了感染力，容易撥動聽眾的心弦，與其產生共鳴。所以，用這樣熱情洋溢的結束語，能營造愉悅的氛圍，使人心情輕鬆地聽完演講。

但演講者要注意一點，說這些祝福和讚頌的結束語時，語氣要真誠，不要太過誇張和虛假，否則，聽眾就會認為其有阿諛奉承、譁眾取寵的意思。

一言千鈞

演講的結束語與開場白的性質相似，都是演講中的關鍵點。何時該結束，要因演講內容、時間、場合而決定，但演講者要記住一點：經常關注聽眾的情緒和現場氛圍，以此來定奪結束語。另外，說完結束語後，演講者不要立刻走下講臺，要向臺下掃視一圈，與聽眾進行眼神交流，表示自己願意回答他們提出的問題，或者接受掌聲。

第7堂課

廣結善緣

伶牙俐齒叱吒交際戰場

人際交往，從寒暄開始

寒暄，現代漢語辭典將其解釋為：見面時談天氣冷暖之類的應酬話。簡單地說，寒暄就是噓寒問暖。在工作中，我們遇到上司或同事，都需要說幾句寒暄的話語，以拉近彼此的距離，加深感情。寒暄並不是可有可無的廢話，它是我們與他人交流前的「引導語」，具有拋磚引玉的作用，但如果拋得不好，可能引回來的是一塊磚頭，砸到自己腳上。所以說，寒暄並不是三言兩語那麼簡單，也是需要掌握技巧的。

具體來說，我們可以學習以下幾種技巧，從而恰當地說出寒暄之語：

1. 寒暄要熱情真誠。

寒暄時選擇好話語是很重要的，但這是建立在真誠熱情的基礎之上的。只有將兩者有效地結合起來，才能營造良好的談話氛圍。試想：當別人面色冰冷地對我們說「見到你真高興」時，我們一定不會有愉悅的心情；當別人用輕視鄙夷的口氣，對我們說「聽他們說，你很有工作能力」時，我們心中一定會感到不快；當別人帶著誇張的表情，對我們說「久聞您的大名，如雷貫耳，今日得見，果然不同凡響，能和你說幾句話，我真是三生有幸」時，我們一定會覺得他很虛偽。

己所不欲，勿施於人，我們寒暄時，一定要充滿熱情、語氣真誠、表情自然，避免粗言鄙語和誇張的奉承話。

2. 寒暄要貼心。

交際心理學家認為：「恰當的寒暄能夠使雙方產生一種認同心理，使一方被另一方的感情所同化，展現著人們在交際中的親和需求。這種親和需求在融洽的氣氛的推動下逐漸昇華，從而順利地達到交際目的。」因此，寒暄時多考慮對方的感受，可以營造良好的交談氛圍。

3. 寒暄要因人而異。

在社交場合，因為男女有別、長幼有序，以及熟悉程度不同，所以寒暄的語氣、用語也應有所不同。

一般情況下，跟初次見面的人寒暄，比較正式的說法是：「你好！很高興能認識你。」要想隨便一些，可以說：「我常聽ＸＸ說起你，今天終於有機會見面了。」「我在一次產品交流會上見過你，但沒機會和你交流，今天咱們可以好好聊一聊。」等。

如果是與熟人寒暄，就可以說得親切一點，比如：「好久沒見，你在哪發財呢？」「又見面了，我覺得你的氣色不錯，是不是有什麼喜事啊？」「你這身衣服不錯，在哪買的？是我們經常去的那家店嗎？」等。

如果是與上司、前輩寒暄，用語就要尊重一些，比如：「張總，您好，您的氣色不錯。」「黃前輩，您好，我正有問題想向您請教，希望您能多多指點。」等。

寒暄也要注意地區性，比如，如果男性對西方女性寒暄：「妳的身材真棒！」、「妳今天看上去很有魅力！」她會很高興，並會很禮貌回答「謝謝」。但如果在中國女性面前這樣寒暄，就可能讓其有防備心理，可能還會造成誤解。

一言千鈞

音樂起於前奏，交流始於寒暄。寒暄固然對整場談話起著不可低估的作用，但也要適可而止。寒暄時，我們要觀察對方的臉部表情和情緒變化，如果他的注意力不在這裡或流露出不耐煩的表情，我們就要即時終止寒暄，以免陷入尷尬境地。

主動開口，迅速與陌生人一見如故

在交際場合，我們會下意識地尋找熟人聊天。如果四周都是陌生人，我們可能就會找一個角落，一邊喝飲料，一邊靜靜地聽別人眉飛色舞地講話。其實，這種做法無形中讓我們錯失了擴展人脈的好機會。

另外，和陌生人交談，還能展現我們的獨立性，有助於人格發展。因為和熟人交談，我們要考慮很多因素，比如對方的身分地位、社會關係等，基於這些問題，我們有時就會說出言不由衷的話語，不能表達自己的真實想法。而和陌生人講話則不同，彼此是做為獨立的個體進行交流，兩個人的交談很少會涉及到利害關係，雙方對彼此的定位是「他只是一個談話對象，不用有太多的顧忌」。我們不會特意避諱一些話題，會沒有壓力地輕鬆談話。

那麼，我們應該怎樣迅速地與陌生人一見如故呢？

1. 做好自我介紹。

一般說來，實事求是，恰如其分地進行自我介紹即可，這樣可以給人留下真誠可信、值得交談的好印象。有的人喜歡用自我貶低的方式介紹自己，以表現自己的謙虛之心，其實這是沒有必要的，也許還會適得其反。對方或許會覺得他是故意表現得謙卑，讓人心裡不設防；也可能真的認為他是低姿態的人，從而不屑與之交談。當然，炫耀自己、將自己置於高處的自我介紹也是不可取的，其結果不是讓人覺得他鋒芒太刺眼，對他敬而遠之，就是給人留下膚淺、不懂禮儀的壞印象。

2. 尋找共同點。

尋找與陌生人的共同點，可以從他的臉部表情、行為舉止、著裝打扮等觀察，只要細心一點，我們就會發現彼此間的共同點。

3. 「以貌取話」。

「以貌取話」就是透過評價對方的外貌來找到話題。因為大多數人都很在意自己的外表長相，以此為話題是一個不錯的選擇，當然，這種評價要善意，而不是不懷好意地品頭論足。

陳瑞雪是個善於交際的女人，在一次晚宴上，她得知自己一直想簽約的一個大客戶也在這裡，就想藉這個機會認識一下。但她聽說這個客戶不喜言談，就想到用「以貌取話」的方式與其套近乎。

當朋友將陳瑞雪引薦給這個客戶後，陳瑞雪做了簡單的自我介紹，很巧妙地將話題引到客戶的外貌上：「林總，您長得有點像張英（中國業界很有名的一個女企業家），我剛才差點把妳當作她。」

「是嗎？張英可是我的偶像呢！」

「嗯，妳們的身材差不多，皮膚都很白淨，穿衣服的風格也很像，都是這種瘦身的晚禮服，顯得很有氣質，要不是朋友介紹，我真就鬧笑話了。」林總的眼裡閃著興奮的光芒，拉著陳瑞雪聊了起來。

陳瑞雪將林總與業界的名企業家相提並論，極大地滿足了林總的虛榮心，無形中拉近了兩個人的距離，接著，她在評價林總的外貌時，又給予恰到好處的誇讚。所以，不喜言談的林總主動拉著陳瑞雪說話，為陳瑞雪談合約開了一個好頭。

4.交談要有節制。

公司白領張小姐說：「一到年底，總是有很多聚會。有時候，公司同事會帶著新朋友一起玩，有一個朋友是那種不怕陌生人的性格，就是『自來熟』。見到我後，她就沒完沒了地跟我說話，我想打斷她，還覺得不太禮貌，只好硬著頭皮聽下去。」

因此，在與陌生人交談時，即使兩個人很投緣，我們也要懂得適可而止，不要等到對方臉上的笑容變得僵硬，眼神迷離時，才尷尬地結束談話。

一言千鈞

心理學家詹姆士曾經說過：「與人交談時，若能做到思想放鬆、隨隨便便、沒有顧慮、想到什麼就說什麼，那麼談話就能進行得相當熱烈，氣氛就會顯得相當活躍。」與陌生人交談時，我們不必太過緊張，要抱著「閒聊」的心態與對方交流。「閒聊」不需要我們口出智語，只要說點輕鬆高興的話題，就能營造出愉悅的交談氛圍。

叫出別人的名字會讓你的交際更順利

一位學者曾經說過：「一種既簡單但又最重要的獲得好感和信任的方法，就是牢記別人的姓名。」名字是每個人的獨特象徵，出於心理需要，我們總是很重視它，同時也希望別人能夠尊重它。記住並叫出別人的姓名，不僅是對他表達一種敬意，也是拉近彼此關係的一個重要管道，這可以讓他放下心理防線，沒有顧慮地與我們進行交談。

很多人可能也知道記住別人名字的種種益處，但總是出現各種「意外」：剛介紹完的人，一轉身就忘了人家的名字；覺得這個人很面熟，卻怎麼也想不起名字；張冠李戴，把張三叫成李四；看著手中的名片，卻記不起這個人的模樣。

那麼，我們應該如何避免出現這個「意外」呢？

一般來說，我們可以使用以下幾種方法：

1.在名片上做紀錄。

很多人覺得名片是一個人身分的象徵，應該好好保管，不能在上面亂寫亂畫。其實不然，在名片上記錄一些其主人的資訊，有助於我們記住別人的名字。

2.問清對方的詳細資訊。

初次見面交談時，我們可以旁敲側擊地問對方一些家庭資訊，比如家庭住址、家庭成員、職業等，瞭解得越多，對他的印象就會越深，記住名字的機率就越大。

3.反覆「叨唸」名字。

反覆「叨唸」就是多次重複對方的姓名。在對方做自我介紹的時候，我們要全神貫注地傾聽，並在其介紹之後，立刻「叨唸」一下這個名字，一方面可以確認自己是否聽得準確，另一方面可以加深印象。

法蘭西第二共和國總統拿破崙三世曾經自誇地說道：「雖然我的國事很忙，可是，我能記住我所見過的每一個人的姓名。」他記名字的方法並不複雜，每次別人自我介紹後，如果他沒有聽清楚，就會說：「對不起，我沒有聽清楚。」

如果是個不常見到的名字，他就會這麼問：「對不起，您的名字如何拼？」在談話中，他還會不厭其煩地將對方的姓名反覆「叨唸」很多次。同時，他還會在腦海中將這個人的名字和他的長相、神態、身材聯繫在一起。

如果這個人對他很重要，拿破崙三世就會記得複雜一些。他會在自己獨處的時候，將這個人的名字寫在紙上，仔細地看，記住，然後將紙撕了。這樣一來，這個名字就深深地印在他腦海中了。

4.用諧音記憶。

有的人的名字很有特點，如果用諧音來記憶，就會簡單很多。比如，我們剛剛見過一個叫「杜紫藤」的人，我們就可以用諧音記憶──肚子疼，就可以迅速記住他的名字。

一言千鈞

自從出生以來，我們就是伴隨著自己的名字一路成長。所以，當僅見過幾次面的人親切自然地叫出我們的名字時，我們心中就會對此人產生一種莫名的好感，想與之成為朋友。同樣道理，別人受到這樣的待遇時，也會產生一樣的感覺。所以，我們要調動自己的腦細胞，將別人的名字存進記憶庫。

會說場面話，交談不冷場

大多數人對場面話的理解就是套話、空話、廢話，這是對場面話的一種偏見。場面話並不是虛情假意的敷衍之詞，而是很多社交高手總結出的交際良言。正如培根所說：「得體的場面話和美好的儀容，都是交際藝術中不可缺少的。」

場面話是一門重要的交際語言，我們應當像老師精通教案一樣，瞭解和熟悉場面話。

一般來說，場面話分為以下兩種：

一種是誇讚式的場面話，比如：稱讚同事的髮型很新潮；誇讚上司管理有方；讚美客戶的孩子機靈可愛等。這種場面話有的說的是事實，有的則與實際情況有一點差別，有一點誇張，但只要不是很不可靠的誇讚，聽的人一般都會心情大好，而且旁聽的人越多，他的情緒越高漲。

另一種就是應承式的場面話，比如：「有事您請說」、「我會盡力幫你解決這個問題的」等，這種場面話有時是一種緩兵之計。當朋友或同事求我們辦事時，礙於面子，即便很難幫其解決問題，我們也不好意思直接拒絕，害怕弄僵彼此的關係。

如果碰到「死纏爛打」，我們不答應幫忙就不肯走的人，則更加棘手。遇到這種情況，場面話就派上用場了。我們可以先用場面話給對方吃一顆定心丸，然後能幫則幫，不能幫就即時告訴對方，表示自己已經盡力，相信對方也會給予理解。

在人際交往中，場面話不是可有可無的廢話，如果跳過它直接切入正題，雙方就可能產生隔閡，交談也很難繼續進行。

在古典名著《紅樓夢》中，有許多經典的場面話。例如在《劉姥姥進大觀園》一回中，劉姥姥找到周瑞的媳婦時，兩人就說了許多場面話——

周瑞媳婦出來問道：「是哪位？」

劉姥姥趕緊走上前，說道：「您好呀，周嫂子！」

周瑞媳婦認了半天，才笑道：「劉姥姥，您好呀！您說說才幾年呀，我就忘了，請家裡來坐吧。」

劉姥姥邊走邊笑道：「您老是貴人多忘事，哪裡還記得我們？」

到了房中，周瑞媳婦命小丫頭倒茶，聊了一些閒話後，她問劉姥姥：「今日是路過，還是特來的？」

劉姥姥說：「一是特來瞧瞧嫂子您，二則也請請姑太太的安。若可以領我見一見更好，若不能，便藉嫂子轉達致意罷了。」

周瑞媳婦聽劉姥姥說是想見太太，在回答時又說起了場面話：「姥姥，您放心，您大老遠的誠心誠意來了，豈有個不教您見個真佛去的呢？論理，人來客至回話，卻不與我相干。我們這裡都是各佔一樣兒：我們男的只管春秋兩季地租子，閒時只帶著小爺們出門子就完了，我只管跟太太奶奶們出門的事。皆因您原是太太的親戚，又拿我當個人，投奔了我來，我就破個例，給您通個信去……」

在這段對話中，兩個人說的大都是場面話，她們這樣說的目的是為了表示客氣。在第一段對話中，兩個人閒聊幾句後，周瑞媳婦才切入正題，問劉姥姥來的目的。試想，如果沒有這些場面話做引導語，周瑞媳婦開口就問劉姥姥來這幹什麼，就會讓劉姥姥感覺自己不招待見，心中產生不滿，交談就會陷入冷場。

在第二段對話中，周瑞媳婦先用場面話兜了一個圈子：先說起劉姥姥的誠意，然後推說自己與通報這件事情沒有關係，最後將話鋒一轉，說看在劉姥姥的面子上，破例為她通報一次。周瑞媳婦充分運用了應承式的場面話，說得既委婉又明瞭，充分地表現了自己會盡力幫忙的意願，讓劉姥姥對她感恩戴德。相反，如果她直接說「我給妳通個信去」，劉姥姥可能就會認為這是她應該做的事情，不會對她抱有感激之情。

說好場面話，我們成為社交圈中的交際高手的腳步就會更快一些。因為場面話讓人聽著很窩心，很容易接受。即便是一些很唐突的話語，將其用場面話包裝修改一下，也會讓人聽得心情舒暢、綻放笑容。

一言千鈞

善於說場面話的人，能在各種交際場合中遊刃有餘地行走：在酒桌上，他們會用圓潤的場面話將自己的酒杯推到別人面前，使「眾人皆醉他獨醒」；在談判中，他們可以舌戰群儒，讓對方心悅誠服地簽訂合約。即便場面很大，交談對象的身分很高，他們也會應付自如，不會出現冷場的尷尬局面。

一言九鼎，「空頭支票」開不得

信用是人際交往中的道德底線，一個人一言九鼎，我們才會信任他，與之成為朋友。反之，如果一個人言而無信、信口雌黃、口是心非，總是亂許承諾，開「空頭支票」，那麼，他的人際關係就會極其糟糕，聲名也會非常狼籍。我們會將他列入黑名單，他想重新進入社交圈會難上加難，因為信用這道防火牆會將他攔截在外。

陳世京是個喜歡社交的人，他熱衷於參加各種聚會、晚宴，也曾是紅極一時的交際達人。但是，最近的各種聚會上都不見他的身影，並不是因為他對社交沒有興趣了，而是大家將他列入了社交黑名單。為什麼昔日很得寵的交際達人會被打入「冷宮」呢？原因就是他經常開「空頭支票」。

原來，陳世京剛參加社交活動時，因為能言善道，善於溝通，所以人緣很好，大家都願意與他交朋友。沒過多久，他就對大家宣揚自己的能幹：「我同學到這邊出差，讓我幫他訂機票，你們知道我訂到了幾折的機票嗎？兩折的！你們誰想買便宜機票，就找我，我保證讓你們省錢！」

「你們認識ＸＸ吧！就是那個創業兩年就開了三十五家分公司的青年企業家，我前幾天還跟他一起吃飯呢！參加那次飯局的都是商界名流。他還要請我參加下個月的慈善晚宴呢！你們誰想去就告訴我，我幫你們弄請帖。」

「你喜歡哪個歌星？我跟他的助理很熟，改天幫你要簽名！」

「你說的那本書是限量版的吧！我跟那個出版社的老總很熟，我幫你弄一本！」

大家都被陳世京的信誓旦旦的承諾所感動，紛紛稱讚他年紀輕輕就有這麼廣泛的人脈，以後一定有所作為。但很快，大家就動搖了想法，因為陳世京承諾的事情沒有一件兌現過，每次問他，他就找各種理由推諉。時間一長，大家認清了他的真面目：他是個言而無信，喜歡自吹自擂的小人。就這樣，陳世京由「萬人迷」成為「萬人煩」。

有人曾做過這樣一個形象的比喻，來說明信用在人際交往中發揮重要作用的原因：「當一個物體向一個方向運動時，根據慣性原理可以知道它繼續運動的方向。在人際交往中強調的『信』，就如同慣性一樣，是有把握的。一個人不講信用，前後矛盾，我們就無法判斷他的行動動向。這就如古人所說的那樣，『人而無信，不知其可也』。自然，對於這種人，是無法進行正常交往的。而一個講信用的人，能做到言行一致、表裡如一。因此，我們可以根據他的言論去判斷他的行動，進行正常的交往。」一言九鼎的人能給人安全感，無論在哪裡，他都會大受歡迎。

一八九九年，Philitine雜誌刊登了一篇名為《送信給加西亞》的文章，引起了很大的轟動，人們爭相傳閱，各國的出版社也紛紛翻譯此文。

文章的主要意思是：

當美西戰爭爆發後，美國必須立即與西班牙的反抗軍首領加西亞取得聯繫。而加西亞在古巴叢林的山裡，沒有人知道確切的地點，所以，無法寫信或打電話給他。這怎麼辦呢？有人對總統說：「有一個名叫羅文的人，有辦法找到加西亞，也只有他才找得到。」總統派人把羅文找來，交給他一封寫給加西亞的信。

羅文拿了信，把它裝進一個油布製的袋裡封好，吊在胸口。他划著一艘小船，四天之後的一個夜裡在古巴上岸，進入叢林。三個星期後，他從古巴島的那一邊出來，又徒步走過一個危機四伏的國家。經歷重重困難，他將那封信完好無缺地交給了加西亞。

戴爾．卡內基曾將此文收錄在自己的著作中，並評論道：「我欽佩的是那些不論老闆是否在辦公室都努力工作的人；我也敬佩那些能夠把信送交給加西亞的人：靜靜地把信拿去，不會提出任何愚笨問題，也不會存心隨手把信丟進水溝裡，而是不顧一切地把信送到目的地，這種人永遠不會被『解雇』，他們不論要求任何事物都會獲得。他們在每個城市、村莊、鄉鎮，每個辦公室、公司、商店、工廠，都會受到歡迎。世界上急需這種人才，這種能把信送給加西亞的人。」

《送信給加西亞》曾被印成億萬份，廣為傳頌，這也說明了人們崇敬「送信給加西亞的羅文」，被他那種堅守承諾的品格所感動。

在人際交往中，我們要守住信用的底線，對朋友、上司、同事、客戶言而有信，成為一諾千金的被信任之人。

一言千鈞

要成為一個不輕諾、一言九鼎的人，就要與說大話的壞習慣劃清界限。另外，許諾之前，要考慮自己是否有能力解決這件事情，成功的機率有多大，深思熟慮後再應承，然後盡全力去完成任務。

觥籌交錯間，巧妙施展酒桌口技

俗話說：「無酒不成席。」中國的酒文化可謂源遠流長：結婚喝喜酒，成功喝慶功酒，交友喝結拜酒，端午節喝菖蒲酒，此外，祭祖、開業等都要喝酒，酒已經成為人際交往中不可或缺的媒介。無論是與多年未見的老友，初次見面的新朋友，還是有業務往來的客戶吃飯，酒都是必不可少的飲品，似乎缺了它，美味佳餚都會食之無味。

在酒桌上，很多問題都能得以解決。比如：結識新朋友、簽下大訂單、和同事化解矛盾、與上司增進感情等。這不一定需要我們有千杯不醉的好酒量，但是一定要會說話。

在傳媒公司工作的劉先生曾不無感慨地說道：「我們公司的陳重明，你看他平時開會不愛發言，上臺講話就結巴，但一到酒桌上，就完全變了一個人，那真是如魚得水。幾句敬酒詞說下來，就讓主管們眉開眼笑地喝下一杯酒。勸酒詞也是一套一套的，說得別人不好意思不喝。我們老闆很喜歡他，有什麼重要約會都帶著他，他的薪水就跟股票中的紅線一樣，一路上漲。很多員工都說『一頓酒搶了我們一個月苦幹的風頭』。其實，我覺得也不用感覺不公平，酒桌口技也算一門技術，對我們的工作也有一定好處。我們應該學會並靈活運用，而不是去抵制它。」

正如劉先生所說，酒桌口技也是一門技術，嫻熟地運用，可以讓我們喝最少的酒，辦成最多的事，為我們的工作招來好運。

一般來說，酒桌口技有三種，即敬酒、勸酒、拒酒。

那麼，我們應該如何巧妙施展呢？

1. 敬酒。

在酒席的最初階段，敬酒是重頭戲。敬酒詞、祝酒詞一般不用太長，簡單一點即可。比如：「我是XX公司的XX，在座的都是業內的精英，很高興認識大家，希望能和你們成為朋友，多交流經驗。我先乾為敬，大家隨意。」如果你想讓敬酒詞更有美感，更有深度，就會添加一些讚美的話、小故事或笑話。但內容一定要與當時的場合相吻合。

說敬酒詞時，也要把握好敬酒時機，不要在大家聊得熱火朝天的時候，突然舉起酒杯，向席間的某個人敬酒，這很讓人掃興。我們要感知酒席的氛圍，在適當時機，敬出一杯酒。

劉書凱經常參加各種酒席，不僅酒量很好，而且酒桌口技也很了得，知道什麼時候該埋頭吃菜，什麼時候該起身敬酒。

一次，上司帶他參加一個酒席。最開始，大家一直在聊天，氣氛很好。但突然，大家都不說話了，面面相覷，場面非常尷尬。劉書凱看了看上司，上司使了個眼色，他就放下手中的筷子，起身向對面的一位老總敬酒：「張總，聽說您最近做成了幾筆大生意，我得好好祝賀您一下，來，我敬您一杯，祝您的事業步步高升！」劉書凱敬完酒後，大家開始紛紛向張總討教生意經，場面一下熱了起來，上司向劉書凱豎起了大拇指。

2. 勸酒。

有的人酒量很差，屬於「兩杯倒」，但是，他們卻很有本事讓別人喝酒，三言兩語，就讓別人喝下幾杯酒，這就是會說勸酒話。酒桌上有許多勸酒趣話，比如：「感情淺，舔一舔；感情深，一口悶；感情鐵，喝吐血。」這些幽默的話會讓對方乖乖地將酒喝下去。

勸酒固然是酒桌上不可缺少的戲碼，但也要掌握分寸。有的人喜歡以酒論英雄，總是想盡辦法地勸別人多喝幾杯，認為不喝到量就是不盡興，就是關係沒有處到位。這種想法就有些狹隘，有調查顯示：超過百分之六十的人對頻繁勸酒表示反感，隨著社會的進步，越來越多的人都覺得聚會時要喝好別喝倒。如果過度勸酒，非但不能拉近彼此關係，反而會將原有的感情降溫。

3. 拒酒。

有勸就有拒，如果來者不拒，就可能「站著進去，躺著出來」。一般來說，拒酒詞最好說得風趣一點，既保全對方面子，又將酒杯推出去。

趙重傑在公司擔任公關經理一職，一年有三分之二的飯是在酒桌上解決的。他說：「在酒桌上，哪怕是千言萬語，無非歸結一個字『喝』。要是不說點拒酒詞，幾頓酒席下來，就得直接進醫院。所以，當拒則拒，以免受傷。」那麼，趙重傑是如何拒酒的呢？

一次，他和幾個老客戶一起吃飯。吃到一半時，一個客戶向他敬酒，說道：「感情淺，舔一舔；感情深，一口吞。寧傷身體，不傷感情；寧把腸胃喝個洞，也不讓感情裂個縫！我們兩家公司合作了這麼久，感情應該很深了，趙經理是不是應該乾了這杯酒？」

這時的趙重傑已經喝了不少，他婉拒道：「如果感情的深淺與喝酒的多少成正比，我們這麼深的感情，只喝一杯酒是不夠的。我們應該一起跳進酒缸中喝個夠，因為我們多年的交情深似海。而且，現在宣導理性消費，我們也應該理性喝酒。為了不傷感情，我抿一點，致敬我們的深厚情意。」客戶被趙重傑的話逗樂了，就沒有再勸下去。

一言千鈞

酒宴的主題大都是一個字——喝，但為了喝酒而喝酒並不是我們赴宴的主要目的。酒席開始前，我們要觀察一下別人的神態表情，弄清赴宴者的主次順序，然後在席間施展酒桌口技，讓氣氛其樂融融，達到擴展人脈、談成業務、加深感情等目的。

把耳朵叫醒，會說也要會聽

在人際交往中，能言善道固然很重要，但只會說不會聽，也會影響交談的效果。人際關係專家經研究發現：很多人沒有好的人際關係，原因不在於說錯了什麼，或是應該說什麼，而是因為聽的太少，或者不注意聽所致。

這樣的人會有如下表現：對方還沒發表完意見，他們就打斷談話，迫不及待地說出自己的觀點；在一個小時的談話中，他們滔滔不絕地講了五十分鐘，不給別人說話的機會；當對方興致高昂地與他們說話時，他們卻身在曹營心在漢，一直處於神遊狀態，完全沒有聽見對方在講什麼。很少會有人願意與這樣的人交談，更不要說成為朋友。

一位心理學家曾說過：「以同情和理解的心情傾聽別人的談話，我認為這是維繫人際關係，保持友誼的最有效的方法。」一般來說，認真傾聽別人講話有三點好處：

其一，會給人留下謙虛好學、誠實可信的好印象。

其二，能避免說出不成熟的意見，造成尷尬局面。

其三，善於傾聽的人常常會有額外收穫。比如，蒲松齡虛心聽取路人的述說後，得到了很多寫作靈感，從而寫出了流傳千古的《聊齋誌異》。

在人際交往中，善於傾聽可以為我們加分，讓我們交到更多的朋友，而且，還有可能為我們贏得一些寶貴的機會。

杜暉峰去外地旅遊，在回來的火車上，遇到老同學趙柳豐。

閒聊中，杜暉峰得知他現在在一家知名的外資企業工作。杜暉峰感到奇怪，那家外資企業的門檻很高，沒有豐富的工作經驗或硬一點的關係，是很難進去的。於是，他問道：「你怎麼這麼厲害，能進入這家公司？」

趙柳豐笑了笑，說道：「其實，進入這家外資企業純屬偶然。大學畢業那年，這家公司為了開拓法國市場，就到我們學校來招收一名法語專業的學生。我雖然不是讀法語專業的，但會一些簡單的日常法語，就抱著試一試的態度加入了招聘的隊伍。沒想到，我竟然順利通過了兩輪筆試，進入最後的面試。輪到我面試的時候，主考官說了幾句中文，讓我與另外一個法語專業的學生進行翻譯。之後，他就讓我們兩個用法語對話幾分鐘，話題由我們自己定。於是，我們就按照要求開始口語對話。對話一結束，我就覺得自己輸定了，因為對方的口語說得非常流利。但出乎意料的是，主考官竟然宣佈我是最後人選，讓我一個星期後去公司參加培訓。」

杜暉峰疑惑地問道：「原因是什麼？」

趙柳豐解釋道：「我也問了主考官同樣的問題，他說，在你們對話的過程中，我一直在認真地看著對方，傾聽對方的講話，並不時地點頭表示認可，沒有打斷過對方，顯得很有修養。而對方自認為是法語專業的學生，有些盛氣凌人，說話也咄咄逼人，想在語言方面壓制我，這讓主考官很反感。而且，主考官還說了一句讓我更意外的話。他說，他根本聽不懂法語，讓我們對話，就是想觀察我們講話的表情，從而判斷我們的交際能力。他覺得我很符合要求，就決定將機會給了我。」

在這次面試中，趙柳豐本是處於劣勢，但是，他善於傾聽別人說話的習慣為他扭轉了局勢，結果反敗為勝，得到了很好的工作機會。所以說，傾聽對我們的人際關係有百利而無一害。但是，傾聽說來容易，做起來卻不簡單，它並不是只要我們用耳朵來接收對方的資訊就可以。真正的傾聽是要將耳朵、眼睛、神態結合在一起，用心體會發現對方的話語，這樣才能達到有效溝通的目的。

以下是幾種傾聽技巧，將其靈活運用，我們就可以成為一個合格的聆聽者：

1.做足「面子功夫」。

古語云：「有動於衷必形於外。」人際關係專家曾指出：「你的表情對對方的談話總是在做出自然的會心呼應。」比如：當我們的眼睛注視著對方，表明我們對他的談話非常有興趣；如果我們總是東張西望，就說明心不在焉，心早就跑到了九霄雲外；而當我們有事想離開或覺得談話內容很枯燥時，我們就會下意識地看錶。所以，當聆聽別人講話時，我們一定要注意自己的臉部表情，要展示給對方一張充滿真誠的臉。

2.適時提個問題、做個評價。

在傾聽過程中，我們不能一直沉默不語，只是豎起耳朵聽，這樣，對方就會覺得自己在說單口相聲，可能會因此而停止說話。我們應該適時地提個問題或對其所述做個評價，這可以表明我們不僅在認真傾聽，而且對這個話題很感興趣。比如：「真的有這種事情？」、「你這個想法很有創意。」、「如果你這樣做，效果應該會更好。」等。

3.聽出潛臺詞。

有時候，在人多的場合，說話者不便直接說出自己的真實想法，就會用委婉含蓄的說詞表達內心所想。比如，一個寓意深刻的詞語、一段旁敲側擊的話語。這就需要我們思維敏捷一些，即時地聽出他的潛臺詞，以獲得更多的隱藏資訊。

4.不懂就要即時問。

在傾聽別人談話的過程中，有的人會不懂裝懂，明明沒有聽懂對方要表述的意思，卻頻頻點頭，當對方問他的想法時，他就一時語塞，讓自己很難堪。所以，如果沒能理解對方話語的意思，或者對其觀點有疑問，我們就要即時說出自己的疑惑。

一般情況下，對方是很願意給予我們更清楚的解釋。這樣，我們就可以理清有些混亂的思路，更好地傾聽後面的談話。而且，這樣的提問會讓對方知道我們聽得很認真，對他的話很感興趣，他會有遇到知己的感覺，願意與我們交往。

一言千鈞

在傾聽的過程中，如果對方想說的內容很多或話題比較無聊，讓我們心生疲憊，我們也不應該粗暴地打斷他的談話，或突然插進一句話，轉移話題，這是沒有修養的不禮貌行為，會讓對方反感。我們可以委婉地提醒對方時間不早了，表現出希望再約時間進行交流的意願。這樣，既不會傷害對方的自尊心，也可以為下一次的見面找到理由。

第8堂課

管住嘴巴

說話三思避開語言禁區

言簡意賅，說話不要太囉嗦

言簡意賅是指說話簡練而意思完整，也就是古人所說的「立片言以居要」，即用最少的話語說出中心內容。

據史書上記載，子禽問自己的老師墨子：「老師，一個人說多了話有沒有好處？」墨子回答說：「話說多了有什麼好處呢？比如池塘裡的青蛙整天整天地叫，弄得口乾舌燥，卻從來沒有人注意牠。但是雄雞，只在天亮時叫兩三聲，大家聽到雞啼知道天就要亮了，於是都注意牠，所以話要說在有用的地方。」墨子的意思就是說話要言簡意賅，用最簡潔的話語表達豐富的含意。

職場中，口才好的人一般都是言簡意賅的人，而那些滔滔不絕的人，往往囉嗦了一大堆，也沒有說出自己要表達的中心意思，讓人聽得雲裡霧裡。

奧里森．馬登博士有兩位說話截然不同的商界朋友。

一位朋友說話拐彎抹角、滔滔不絕，卻沒有主題，每每使人失去耐心。即便馬登博士多次看手錶，提示時間，他好像也視而不見，似乎沒有完的時候。馬登博士表示：「這樣的人討厭之極。一個有遠大抱負的年輕人，不能有這種說話習慣。這種習慣對事業的發展有致命影響，是成功的敵人。凡是工作效率高、有很高管理才能的人，無不說話簡練、乾淨俐落、主題明確。」

他的另外一位商界朋友，事業有成、口碑極好。每次他給馬登博士打電話時，沒什麼多餘的問候和致謝，而是三言兩語，直奔主題，還沒有等博士反應過來，他已經說「再見」了。馬登博士說：「和這樣的人打交道真是一種享受。他不會煩你，更不會無端耗費你有限的時間和精力。我很敬佩他思維敏捷、善於決斷以及高效率的工作。如果一個人很早就注意自己的不足並能加以改進，做事思想集中、說話言簡意賅，就可以培養出很高的經營管理才能。在與一個人的交往中，肯定能夠看出他是否具有雷厲風行的素質。」

一些職場中人習慣將簡單的話語說得複雜，因為他們害怕別人不能理解自己的意思，所以喜歡將問題說得很「仔細」。其實，這個「仔細」的過程就已經讓自己的表達無端地增加了很多的廢話。

一位企業的高層主管講過自己的一個會議經歷：「那是我主持的一個會議，我發現，說著說著大家都有點出神。後來我才注意到，原來是我說話太囉嗦，廢話太多了，原本一句話能夠說清楚的，我非得把它說成兩句。其實，說話應該言簡意賅，尤其是在會議上。因為從心理學的角度來說，開會的時間越長，重點反而越不突出，大家的積極性也越低，最後的效果也就不言自明了。」

有時候，說話囉嗦不僅會讓人感到厭煩，而且還會帶來很嚴重的後果。

一八一二年，英美戰爭爆發前夕，美國政府召開緊急會議，商討對英國宣戰的問題。會上，一位議員的發言竟然從下午持續到午夜，而這時會場上的大多數議員早已經去見周公了。後來，一位議員忍無可忍，憤怒地將一個痰盂向發言者的頭上砸去，從而終止了那位議員的高談闊論。而這時，英國的軍隊已經到了美國境內。

美國南部的一些地區規定，政府發言人講話時必須手握一塊冰，他講多長時間，就要拿多長時間。非洲有一個地區，規定講話時只允許站一隻腳，當這隻腳站累了，另一隻腳落地時，講話就要終止。

偉大的革命導師恩格斯曾說過：「言簡意賅的句子，已經瞭解，就能牢牢記住，變成口號。」話不在多，達意則靈，語言的精髓，在精而不在多。

那麼，職場中人如何讓自己的表達變得言簡意賅呢？要從以下幾方面去做：

1.思維要清晰。

週一早上，張勝傑問公司的櫃檯人員李文靜：「有沒有見到劉會計？」還沒等李文靜回答，張勝傑又說出一大堆話，讓李文靜聽得頭昏腦脹。

他先問李文靜「劉會計在哪」，又說他週日的時候和幾年沒見的同學喝到了半夜，然後問李文靜「劉會計是不是有個女兒」，接著又問李文靜「劉會計的辦公室是不是還在原來的地方」。李文靜聽了半天，才明白他要表達的意思。原來，他剛收了一筆貨款，要讓劉會計入帳，想問問劉會計來上班了沒有。

故事中的張勝傑和李文靜說了一大堆話，將李文靜搞得糊裡糊塗的。原因就在於他的思維混亂，說話沒有邏輯性，才前言不搭後語，讓李靜不明白他到底想說什麼。因此，說話要想言簡意賅，思維一定要清晰。

2.豐富辭彙庫。

福樓拜曾告誡人們：「任何事物都只有一個名詞來稱呼，只有一個動詞象徵它的動作，只有一個形容詞來形容它。如果講話者辭彙貧乏，說話時即使搜腸刮肚，也絕不會有精彩的談吐。」因此，豐富辭彙庫也是讓自己言簡意賅的有效途徑。

3.抓住主題說話。

豐華的電動車被人偷走了，同事們紛紛勸慰他。其中一個叫霍賀飛的同事說道：「豐華，你的電動車怎麼丟了呢？什麼事情都該小心才好啊！前一陣，我們鄰居的電動車也丟了，我看就是他沒鎖好，我的車子就停在旁邊，怎麼就沒丟呢？而且我的車子比他的還要新，是月初剛買的，還是最新款。你知道嗎，我那款車是一個著名主持人代言的，我特別喜歡看他主持的節目……」

豐華的電動車丟了，他最關心的是電動車是否還能找回來，或者是怎樣解決以後上班時的交通工具問題。可是霍賀飛先從豐華丟車說起，然後說到自己鄰居的車子丟了，自己的卻沒丟，再說自己的車子很新，而後話題又扯到了著名主持人身上。霍賀飛本來是應該圍繞著豐華丟車這件事來說，但後面話語的內容已經不可靠了，這是說話跑題。所以，要想說話不囉嗦，就要緊緊圍繞主題展開談話。

4.學會長話短說。

劉力輝急匆匆地走進辦公室，對大家說道：「我跟大家說件事……我剛才看見總經理，他從一輛車上剛下來，身後還跟著四五個陌生人，他們走得很急……」他囉裡囉嗦地說了五分鐘，最後說了一句總結性的語言：「總經理讓我通知大家今晚六點在會議室集合，他有事情要宣佈。」

故事中的小劉就是短話長說，進入主題前鋪墊太多。要真正地讓自己的話說得簡練，就必須讓自己的語言簡潔。要做到這一點，就要學會刪繁、長話短說，用簡單的詞語和俐落的句子讓對方明白自己要表達的意思。

一言千鈞

言簡意賅是以簡代精，如果為了不囉嗦，將五句話能表達的意思縮減成兩句話，就不能達到好的表達效果。而且，任何事物都具有兩面性，簡潔的話語有時很難將細膩的情感有力地表達出來，會阻礙彼此間的溝通。因此，言簡意賅應以表達清晰為前提。

做人要低調，不要到處宣揚自己的成績

《莊子》中有這樣一句話：「直木先伐，甘井先竭。」意思就是，筆直的樹先遭砍伐，甘甜的井水先被汲盡。引申的意思就是做人要低調一點，鋒芒畢露容易惹來麻煩。尤其是在職場中，太高調，喜歡到處炫耀自己成績的容易被同事孤立。

最近，林建華明顯感覺到辦公室的氣氛有些不對，同事們看他的眼神都很怪異。平時，大家都愛和他聊天。但是現在，他主動跟同事說話，大家都愛理不理的。林建華非常疑惑：「我最近做錯什麼事情了？」

直到有一天，他路過茶水間，偶然間聽到兩個同事的對話：「林建華有什麼好炫耀的！不就是業績高一點，工作能力強一點。」「就是，你看他說話時那個得意洋洋的樣子，都快飄到天上去了，我真懶得和他說話。」

原來，林建華最近幾個月的銷售業績非常好，一直位居榜首，很有希望奪得年度銷售冠軍的獎盃。林建華對此很驕傲，就經常在同事面前宣揚自己的「戰績」，還在網誌上現成績。同事們對他的高調很反感，就對其敬而遠之。

與同事相處時，如果有人高調地亮出自己的成績，無疑是在自己與同事間挖出一條溝壑，一不小心還會被人推進溝中。所以，取得成績時，我們要謙虛一些，將它輕描淡寫。這樣，我們就可以和同事打成一片，免招冷落和妒火。

英國十九世紀政治家查士德斐爾爵士曾對他的兒子說：「要比別人聰明——如果可能的話，但不要告訴人家你比他聰明。」聰明的員工會將自己的光芒很好地隱藏起來，而不是天天在同事面前顯現。這樣的人，不僅會在同事之間贏得好口碑，而且會得到上司的重用，在職場中平步青雲。

郭宗躍和劉德剛本在同一家公司工作，兩個人的職位差不多，郭宗躍是技術部長，劉德剛是人力資源部長。但受經濟危機的影響，這家公司宣告破產，兩個人失業了。

不久後，郭宗躍進入一家電子廠當工人，他工作認真，善於學習，漸漸地，他掌握了很多新技術。由於做事努力，他連續幾個月被評為「優秀員工」。時間一長，老闆開始注意郭宗躍了。

一次，老闆找了個機會和郭宗躍談話。老闆說：「你學東西很快啊，剛來幾個月，技術就很嫻熟。」

郭宗躍笑了笑，說道：「其實，我原來就是在部門工作的，用的技術和這裡的差不多，所以，學習幾個月就會了。」

老闆聽後，非常驚訝地問道：「你應聘的時候怎麼沒說自己有這方面的經驗？這樣你就可以直接去技術部上班了。」

郭宗躍說：「從基層做起挺好的，再說，那都是以前的事了，不值得炫耀。」老闆讚許地點點頭。

第二天，郭宗躍就被調到了技術部，擔任技術主管一職。

半年後，在工廠的新技術研討會上，郭宗躍拿出了自己的技術方案，並詳盡地向大家介紹了新技術的優勢。老闆見他說得很專業，覺得他不像是普通的技術工人，便在一起吃飯的空檔問起了他的工作經歷，郭宗躍吞吞吐吐地說道：「我當過兩年的技術部長。」

老闆再次驚訝：「你怎麼不早說？我真是差點埋沒了你這個人才啊！」老闆當即決定提升他為技術總監，全面負責公司的技術工作。

我們再來看看劉德剛的經歷。失業後，他應聘到一家醫藥公司工作，從進公司的第一天起，劉德剛就開始向同事講自己在原來公司做人力資源部長的「光輝歷史」：「我的工作能力很強，上司非常賞識我。」「每次公司評優秀部長，我都是榜上有名。」這些話很快就傳到老闆的耳中，老闆覺得人才難得，就立刻讓他當了人事經理，負責為公司招聘員工，期望他能為公司招進一批精英。劉德剛滿口答應，信誓旦旦地向老闆保證一定完成工作。

最初的一個月，劉德剛確實為公司招來不少精英。他得意洋洋地向同事宣揚自己的成績，同事們表面上表示佩服，暗地裡卻送他白眼。

後來的幾個月，他的業績就呈下滑趨勢，有時一個月連三個人都招不來。同事們紛紛在暗地中取笑他，說他第一月是瞎貓碰上了一群死耗子，現在狐狸尾巴露出來了。

老闆也覺得劉德剛的能力並不像他吹噓的那麼強，就讓他坐了冷板凳，只讓他做一些雜活。時間一長，劉德剛覺得自己像被眾人遺忘的角落，心裡很不爽，就辭職走人了。

在職場中，如果收到炫目的成績單，我們不要在辦公室中四處宣揚，搞得無人不知、無人不曉。我們要將它低調地收起來，可以私底下獨自欣賞它，或與家人一同分享。這樣，我們才能在職場中站得更穩、站得更久、站得更高。

一言千鈞

當我們在工作中獲得升職、加薪、優秀員工稱號等榮耀後，心中的歡喜是不言而喻的。因為這些榮耀不僅可以滿足我們的心理需求，而且可能是讓我們在事業上大展鴻圖的好機會，我們也許會因此而「飛上枝頭變鳳凰」。但切記，一定要低調處理這些榮耀，如果恨不得拿著大聲公向所有人炫耀，那麼，即便「飛上了枝頭」，也會站得不穩，變成「落難的鳳凰」。

不要總是抱怨「怨婦」會讓人敬而遠之

「職場幽怨族」是新興起的一個詞語，是指說起話來總帶著抱怨、不滿口氣的員工。「職場幽怨族」眼中的世界永遠是灰色的，彷彿沒有一件事情能符合他的心意：清早出門上班，他們會抱怨捷運太擠、公車太塞；到了辦公室，抱怨地面不乾淨，同事說話太吵；打開電腦，抱怨網路速度太慢，上司分配的任務太多；給客戶打電話，報怨客戶難纏，訂單難簽……總之，他們看什麼都不順眼，心中總是憋著一股怨氣。

現在，職場競爭變得日益激烈，我們的生存壓力也隨之加強。於是，越來越多的人開始加入到「職場幽怨族」的隊伍中，成為滿嘴怨言的職場「怨婦」。

為什麼「職場幽怨族」的怨氣這麼重，怨言這麼多？心理專家經研究，總結出三個原因：

其一，「職場幽怨族」過度追求完美，他們總是以完美化的眼光去看現實生活，結果常常是現實有太多缺陷；其二，「職場幽怨族」比較以自我為中心，做人做事只為自己著想，不顧及他人的想法，凡是不合自己心意的，就一概看不慣；其三，魯迅說過：「一位老夫子用一支放大鏡去看美人那嫩白的胳膊，結果卻看到了皮膚間的皺紋和皺紋間的污泥。」「職場幽怨族」就是如此，他們的眼睛總是盯著別人的缺點，他們甚至用放大鏡、顯微鏡去尋找別人身上的短處，將別人微不足道的缺陷不斷放大，抱怨也就隨著而來。

天天將抱怨掛在嘴邊的人，工作熱情會慢慢減退，他們會將工作當成一種負擔，每天抱著「當一天和尚撞一天鐘」的心態在公司混日子。結果，不但自己的工作效率很低，而且會將這種不良情緒傳染給其他同事，導致整個團隊的士氣下降。

另外，從某種意義上說，過度抱怨是對公司缺乏忠誠度的表現。如果我們問一問公司的老闆們，他們最不喜歡聽到的是什麼，百分之九十的老闆會回答：「抱怨。」一旦有人可以替代「職場幽怨族」的職位，或是公司裁員，他們的結局十之八九是被老闆炒掉。

身在職場中，每個人都會遇到不順心的事情，適當地抱怨兩句，發洩一下不滿情緒是很正常的。但一定要注意兩點：一是抱怨有度；二是抱怨得有技巧。那麼，如何抱怨才算巧呢？

1. 當面抱怨。

周平棋最近非常鬱悶，他很不理解，為什麼同樣的抱怨，他的話就像長了翅膀一樣，飛到了每個同事的耳朵中，而坐在她隔壁的譚晶晶是出了名的愛碎碎唸的女人，她卻越抱怨，人氣越旺，越得到上司的讚賞。

原來，上個星期，客服部的人手不夠，周平棋就被借調過去幫幾天忙，做慣了銷售的周平棋不願意做這些瑣碎的事情，他覺得很煩心，就不斷和客服部的同事發牢騷。幾天後，他回到銷售部，發現自己的牢騷已經人盡皆知，上司還找他談話，說大男人不要在背後說小話，這樣的行為太不君子了。

譚晶晶也喜歡抱怨，但她是當面抱怨。比如，開員工大會的時候，她會當面抱怨公司申請拿貨的制度不夠完善：一個員工申請拿一箱產品，但申請表已經交上去半個月了，也沒能得到批覆，致使該員工丟失了一個大客戶。同事們紛紛向她豎起大拇指，上司也讚賞地說道：「妳提出的問題很好，我們一定即時解決。」

背後的抱怨是傳播是非，嚼舌根，而當面的抱怨是提意見、說建議，兩者在本質上是有很大區別的。這也是周平棋落下「小人」名聲，而譚晶晶得到他人讚賞的原因。所以，當我們對工作有所不滿，而理由很有說服力時，一定要當面將怨言說出來，而不是背地裡抱怨。

2.看準場合，想好語言再抱怨。

美國的羅賓森教授曾說過：「人有時會很自然地改變自己的看法，但是如果有人當眾說他錯了，他會惱火，更加固執己見，甚至會全心全意地去維護自己的看法。不是那種看法本身多麼珍貴，而是他的自尊心受到了威脅。」抱怨時，我們分清場合，不要在很正式的場合對上司、同事發一些言語刻薄、有人身攻擊的牢騷。否則，非但無法解決問題，反而會丟掉面子。

黃惠娟最近被「獵」到一家企業擔任高管。雖然職位和薪水比原來高出很多，但她很快就發現這家公司有很多問題：管理制度混亂、老闆思路不清晰、員工工作散漫等。

有一次，在高管會議上，她情急之下對老闆抱怨道：「這麼多年來，你就是這樣管理公司的？難怪公司一直發展不起來，原因就是你這隻領頭羊的思想太陳舊，跟不上……」

她的話還沒說完，老闆就滿臉怒色，說道：「大家看看，我花重金請來的高層主管，不是來幫我發展公司的，是來拆臺的，我真是引狼入室！」說完，老闆摔門而去。大家都將目光集中在黃惠娟身上，她滿臉通紅，尷尬之極。

其實，黃惠娟的本意是想指出公司存在的缺陷和發展建議，但是，她沒有選好抱怨的場合，語言也帶有人身攻擊的性質。結果，牢騷沒發好，還得罪了老闆。

3.抱怨別誤工作。

即使我們的心中有極大的不滿，也不可以耽誤工作。有的人認為自己的抱怨是對的，就將工作扔在一旁，坐等上司還自己一個「公道」。這樣，不僅影響了正常的工作進度，而且同事也會有想法，嚴重地影響人際關係。

一言千鈞

抱怨代表的是示威，過度使用它，很可能會讓我們遍體鱗傷。為了在職場中處於安全境地，我們要控制抱怨的頻率和殺傷力，遠離「職場幽怨族」的隊伍。

給批評裹層「糖衣」

我們大都有過這樣的童年經歷：每次生病時，我們都會對苦苦的藥片很抗拒，父母會想盡辦法，甚至強行撬開我們的嘴巴，才能成功地將藥灌進去，有的父母曾這樣形容餵孩子吃藥的難度：「孩子淚流滿面，父母汗流滿頭」。

為了解決這個難題，藥商們生產了「甜藥」，就是在苦藥外面裹上一層糖衣，孩子會像吃糖一樣，開心地吃下苦藥，達到了良藥「甜」口利於病的目的。同樣道理，忠言逆耳未必行，如果我們發現同事犯了錯誤，就直言不諱地批評他，很可能會激怒他，結果批評不成，彼此間的關係反而鬧僵。

張佳佳在一家公司的行政部門工作，她和同事唐采歡的關係很好，兩個人經常搭檔做事，一直配合得很好。但唐采歡有兩個缺點：一是愛佔小便宜，二是藉口很多。

因為公司的行政部門會負責一些採購工作，唐采歡就在採購的時候，順便給自己買一些小東西，然後拿到財務報銷。她還喜歡找藉口，比如，明明是因為起晚了而遲到，她卻說等不到公車，報表沒完成就說電腦出問題了等。

一天，行政部收到上級指示：佈置會場。張佳佳當時正在與財務核對一些帳單，就讓唐采歡去做這件事情。誰知，幾個小時後，當張佳佳趕到會場時，發現條幅、桌椅放得亂七八糟，她問唐采歡怎麼回事，唐采歡又開始找藉口，說是其他員工不配合所致。張佳佳的火一下就上來了，當著幾個員工的面，她將唐采歡狠狠地批評了一頓，並不只是針對佈置會場這件事情，還將她的種種缺點都數落了一遍。唐采歡滿臉通紅、一言不發。

從那之後，唐采歡像變了一個人似的，少言寡語，到點就下班。有時，張佳佳找她商量事情，她也很少發表意見。張佳佳非常不解：「我只是指出她的缺點，批評幾句而已。不是說忠言逆耳利於行嗎？怎麼我說她幾句，她就變成這個樣子了？」

忠言雖然利於行，但如果太逆耳，就會讓人反感，很難將忠言聽進耳中。故事中的張佳佳說了逆耳的忠言，結果失去了一個好搭檔。在職場中，我們要學習聰明的藥商，給批評裹上一層「糖衣」，這樣說出的忠言會很順耳，別人也比較容易接受。那麼，如何才能說出順耳的忠言，讓批評有點甜呢？

1. 面對面地說批評話。

對同事的批評話，我們一定要面對面地對他說。這樣做的好處是，同事能非常清楚地瞭解我們的批評意圖和態度，同時也有助於增進彼此的瞭解。如果讓第三者將批評之語傳給同事，資訊很容易失真，可能會產生不必要的誤會，甚至是爭吵。

2. 少用「你」字開頭。

工作中，我們有時會聽到這樣的批評：「你能不能把手機調成振動，你那個鈴聲很刺耳，影響我工作！」「你怎麼搞的，這麼簡單的表格也會做錯！」「你怎麼天天趕時間上班，就不能早點到嗎？」

仔細想想當時的心情，我們就會發現，這種以「你」字開頭的批評讓我們很不舒服。所以，我們對同事提出批評時，要盡量避免用這種說話方式。比如：「我不想聽著音樂工作，可不可以把你的手機調成振動？」「這個表格有點問題，你仔細檢查一下就能改過來。」「我們公司的員工一般都會提前十分鐘到公司，你也和大家保持步調一致吧！」這樣的批評話語就比較溫柔，讓人聽著心情好一些。

3.批評不能太婉轉。

有的人擔心太直接明白地批評同事，會被視為尖酸小人，所以，他們在批評同事時，會過分地斟酌用語。比如，原本要直接批評同事「粗心」的話，就會變成「為提高工作品質，一定要提高專業素養」。這樣的話雖然聽著不逆耳，但會讓同事聽得不清楚，甚至覺得反感，達不到批評的目的。我們應該根據實際情況，適度地婉轉即可，比如：「這個報表有點小毛病，細心一點就可以避免犯這種錯誤了。」

4.只批評當前事。

很多人都有這樣一個通病：總是關注別人的缺點、短處時，下意識地將其優點、長處遮罩。這種通病還會出現「併發症」，即別人一旦犯了錯誤，他們馬上就會想起這個人的歷史問題，然後將新帳、舊帳一併算了。這種翻舊帳的做法是批評中的大忌，會讓受訓者很反感。因為舊帳「結案」後，受訓者認為自己已經得到對方的原諒，相信對方不再計較過去的事。所以，當對方翻出舊帳時，受訓者會有這樣的想法：「原來他只是裝作忘記，事實上他仍記掛在心。」他就會不再信任對方，並逐漸遠離他。

舊帳已經是被翻過去的一頁，如果與當前發生的錯誤沒有必然聯繫，就不能硬生生地將兩者合二為一。我們要針對當前出現的錯事進行批評，以理服人，讓同事心服口服。

5.批評別帶人身攻擊。

批評同事時，我們不能對人不對事，更不能用含有人身攻擊的話語。「惡語傷人恨難消」，一旦傷害了同事的自尊心，他就可能產生難以化解的敵對心理，從此與我們結下樑子，水火不容。我們要針對同事做錯的事情批評，不能因為他做錯了一件事，就抓一當百，用尖酸刻薄的語言否定他的人格，將他說得一無是處。

一言千鈞

批評是難度較高的一種職場語言表達方式，我們要斟酌好語言，全面考慮時間、場合、人物等多種因素，在不傷對方自尊心的前提下，恰到好處地進行批評，讓對方接受並改正錯誤。

口下要留情，給人面子等於給自己後路

俗語說：「樹有皮，人有臉。」所謂的臉，就是一個人的面子和自尊。與他人說話時，要注意保全對方的面子，不能傷害其自尊心，這幾乎是人人都明白的道理，因此，一般人不會說出讓人有失顏面的話。但是，在心情煩躁或是內心有怒火的時候，有的人的言語就會失控了。

舉個例子：張先生和同事一起做一個企劃案，同事犯了一個小錯誤。如果在平時，也許張先生會輕描淡寫地說：「沒關係，小錯誤而已。」但是，如果恰好遇上他的情緒不好，他憤怒的火苗就會被這個小錯誤點旺，隨口就罵了一句：「蠢蛋！居然犯這麼低級的錯誤！」

後果會如何呢？脾氣好一點的同事也許會沉默不語，把不滿憋回肚子裡，在心裡默默地罵幾句解恨，而脾氣暴躁的同事則可能怒目而視，與他大吵一架。為什麼張先生這麼簡短的一句話會引起同事的不滿？原因很簡單，因為他說話太刻薄，不給同事留面子，傷害了其自尊心。

每個人都有自尊心，即便有人犯了錯誤，我們也不能無所顧忌地用刻薄言語教訓他。因為在自尊和人格上並沒有高低貴賤之分，每個人都是平等的。職場中，如果一個人總是口下不留情，不顧及他人的面子，挑戰了對方的底線，對方也會防守反擊，反過來將他逼上絕路。基於此，在說話時，員工要時刻告訴自己：口下留情，給別人留面子等於給自己留後路，可以讓自己進退自如。

在工作中，如果一個員工能夠約束自己的言行，該說的話暢所欲言，不該說的話就爛在肚子裡，不但可以解決許多不必要的麻煩，而且還可以「化干戈為玉帛」，使事情有一個圓滿的結局。

董青文是一家服裝廠的售後服務人員。多年來，她與那些挑剔的客戶打交道，常常發生爭執。雖然她總是贏多輸少，但公司卻不得不一次次為此賠錢。所以，董青文改變了說話策略，盡量避免和客戶發生爭吵，結果大不一樣。

週一的早上，董青文剛進辦公室，電話鈴就響了起來。她拿起話筒，銷售部的一個同事焦急地在電話裡對她說，廠裡給一個客戶運去的一車布料都不合格，對方已停止卸貨，要求董青文的公司趕緊把布料運回去。

原來，在布料被卸下三分之一時，對方的技術員說這批布料的品質不符合他們的標準，鑑於這種情況，他們拒絕接收布料。董青文立刻動身向那家工廠趕去，一路上想著應付這種局面的辦法。

如果是以前，董青文一定會找來判別布料層級的標準規格據理力爭，根據自己做了多年服裝工作的經驗與知識，用尖銳的話語壓倒對方，使其相信這些布料達到了標準，是對方的鑑定不對，讓對方下不了臺。

但是，這一次她決定改變一下說話方法，她決定用新的方式解決這個難題。董青文趕到現場，看見對方的技術員一臉挑釁的神態，已經擺開了準備吵架的姿態。董青文陪他一起走到卸了一部分布料的貨車旁，詢問他是否可以繼續卸貨，這樣她可以看一下情況到底怎樣。董青文還讓技術員像剛才做的那樣把要退的布料堆在一邊，把好的堆在另外一邊。

董青文仔細看了看，發現對方的審查過於嚴格，品質衡量標準上出了問題。這種布料是以亞麻為原料的，技術員顯然對亞麻的瞭解不多，而亞麻恰好是董青文的專長。不過，董青文一點也沒有表示反對他的審查方式，她只是問了技術員幾個小問題。

提問時，董青文也很友善，並告訴他：「你完全有權利把那些你認為不合格的布料挑出來。」技術員聽後，態度有了轉變，開始熱情起來。董青文又說了一些亞麻的特點，整個過程中，她沒有說一句有傷技術員自尊心的話。最終，技術員承認了自己對亞麻布料毫無經驗，他不但接收了全部布料，而且誇讚董青文專業知識紮實，工作能力強。董青文拿著一張支票，心情愉悅地向公司走去。

在尷尬時刻，說說圓場話，給人留面子；不揭穿他人的謊言，免得使人下不了臺，這都是口下留情的表現。

美國著名政治家佛蘭克林曾說過這樣一段話：「我在約束我自己的言行的時候，在使我日趨合乎情理的時候，我曾經有一張言行約束檢查表。當初那張表上只列著十二項美德，後來，有一位朋友告訴我，我有些驕傲，說這種驕傲經常在談話中表現出來，使人覺得我盛氣凌人。於是，我立刻注意到這位友人給我這難得的忠告，我立刻意識並想到這樣會足以影響我的發展前途。隨後我在表上特別列出『虛心』一項，專門注意。我所說的話，一定竭力避免一切直接接觸或傷害別人情感，甚至我自己禁止使用一切確定的詞句，如『當然』、『一定』等，而用『也許』、『我想』來代替。說話和事業的關係，是成功與失敗的關係。你如果出言不慎，跟別人爭辯，那麼，你將不可能獲取別人的同情，別人的合作、別人的幫助、別人的支援、別人的讚賞。」

職場中人也可以學習佛蘭克林的言行約束法，讓自己的言語更富有人情味，可以進退自如。

一言千鈞

有人曾這樣比喻說話留餘地的好處：「這好比在戰場上一樣，進可攻，退可守，這樣有了牢固的後方，出擊對方，又可即時撤回，仍然處於主動地位。雖說未必就是戰無不勝，但也不會出現一敗塗地的現象」。因此，說話別太絕情，要留有餘地，對人對己都有好處。

流言止於智者 不做辦公室中的「長舌婦」

在英語中，流言與謠言都用「rumor」這個單字，《韋伯斯特英文大字典》指出：流言是一種缺乏真實根據，或未經證實、公眾一時難以辨別真偽的閒話、傳聞或輿論。辦公室是流言蜚語的滋生地，有的人很熱衷於打探八卦消息，比如：「誰跟老闆走的比較近？」「劉坤傑才來公司幾個月就坐上經理的位置了，是不是有後臺？」「韓正東正和老婆鬧離婚，聽說是有第三者插足，還是我們公司的，是不是他那個女秘書？」光打聽還不足以滿足他們的心理需要，他們還要到處散播這些亦真亦假的消息，並不時地添油加醋，讓無辜的當事人痛苦不已。

一個名叫「鬱悶小姐」的網友曾以《遭遇長舌婦》為題寫了一篇文章：

「最近挺鬱悶的，本來氣氛很融洽的一個辦公室，讓一個長舌婦攪和後，現在是烏煙瘴氣。我剛來公司時，坐在長舌婦的前面位置，公司處於淡季的時候，我們是可以上網聊聊天，看看新聞之類。本人自認為個性溫和，待人處世還算不錯，不會和什麼人結怨結仇。可是，這個長舌婦竟然在我後面偷看我的聊天內容，還將內容傳播。

我斥責她偷看我聊天，她居然辯解說自己是高度近視，根本看不見。這明顯就是撒謊，我曾經聽見她和別人說自己每天都戴隱形眼鏡，看東西特別清楚。我聊天的對象是公司另一個部門的男同事，本來我們可以發展成知己，做好朋友的。但是，讓長舌婦這麼一廣播，我們已經陷入了見了面連招呼都不打，比陌生人更陌生的境地，生怕又被長舌婦捕風捉影，無事生非。我只想過清靜點的日子，為此，我甚至打了辭職報告，準備遠離此等唯恐天下不亂之人。」

長舌婦已被列入辦公室十大惡人之一，但很多時候，長舌婦之所以會成功地將流言散播得人盡皆知，就是得益於中間的傳播者：甲告訴乙，乙傳給丙，丙告知丁……這些耳語的傳播者讓長舌婦的陰謀得逞，讓當事人深陷困境。

李青青剛進公司時，擔任客服專員一職。雖然她的學歷不高，但工作非常努力，個性也很隨和，深得大家的喜愛。銷售總監陳總是一個重能力而輕學歷的人，沒過多久，他發現李青青很有做銷售的潛質，他就向老闆申請，將李青青調到銷售部，並讓她擔任自己的助理。

因為工作原因，他們經常一起吃飯、加班、出差。可能因為在一起的時間太多，漸漸地，一些居心不良的人就開始製造緋聞：李青青與陳總走得很近，兩個人的關係非常曖昧，疑似在搞地下情。

李青青將心思都放在了工作上，對緋聞一無所知。後來，好友雪兒將同事的風言風語告訴了她，還問她為何攀上這樣的高枝卻不告訴自己。李青青是一個自尊心很強的人，她不能忍受這種毀壞自己榮譽的流言傳來傳去。

第二天，李青青就找了辦公室中最喜歡製造和傳播八卦消息的「大嘴巴」，警告她不要再製造有人身攻擊的謠言。但「大嘴巴」也不甘示弱，與李青青辯得面紅耳赤。結果，兩個人都窩了一肚子火，不歡而散。

自從知道了這個流言後，李青青在工作中常常出神。她有意地避開陳總，但謠言卻愈傳愈烈。無奈之下，李青青向老闆提出申請，希望調到別的部門。幾天後，她去了行政部。行政部的工作比較瑣碎，需要有足夠的耐心和細心，這讓個性大咧咧的李青青很不適應。剛調到新部門不久，她就犯了一個錯誤：將員工大會的日期打錯了，原本是四月六日，她打成了四月十六日。本來這只是工作中的一個小失誤，但是，新的謠言馬上又傳開了。

「大嘴巴」說：「李青青以前在銷售部的業績，都不是自己做出來的，而是陳總幫她做的。李青青根本就沒什麼能力，連打個員工大會的通知都能打錯，她也就憑著那張臉和上司套近乎，要不早就被炒魷魚了！」這一次，雪兒又「積極」地將流言告訴了李青青，並試圖從李青青口中套出一些「獨家新聞」。

從那以後，李青青的情緒日漸低落，最終患上了憂鬱症。看著李青青憔悴的樣子，雪兒非常後悔：「我是李青青的好朋友，本應該讓流言在自己這裡就停止了。而我不但沒有這麼做，反而馬上將流言告訴了李青青，還總想從她嘴裡套出點消息，好向別人爆料。我真是個八卦的女人，要是我不幫著傳播，而是積極制止，李青青也許就不會得病了。」

流言止於智者，我們無法制止別人製造和傳播流言。但是，我們可以讓自己成為回收站，流言傳來了，我們就將它封殺並徹底清空，辦公室就會少一些是非，多一份和諧。

具體來說，我們可以運用以下兩種方法，積極地縮小流言的波及範圍，減弱謠言的傳播速度：

其一，保持沉默。「歪理被重複一百零一次可能就會被誤認為是真理」，在辦公室中，當所有人都熱衷於傳播那個「聽起來很真實」的謠言，希望讓它被誤認為是真實時，如果我們違背自己的真實想法，加入散佈謠言的行列中，也許就不會被視為辦公室的「異類」，但我們的內心一定會非常糾結，矛盾重重。所以，最好的辦法就是「不聽、不問、不參與」，即保持沉默，沉默不代表贊同謠言，它是智者的獨特聲音。

其二，如果我們遇到咄咄逼人的長舌婦，非讓我們對謠言發表一下意見，也就是間接地讓我們傳播流言，我們可以找一些藉口，比如：「不好意思，我還有很多工作要做，沒時間想這件事情。」、「劉總正在找我，我得去他辦公室一趟。」、「小林有點事要問我，我先給他回個電話。」這樣的話語會幫我們擺脫長舌婦的糾纏，避免成為謠言的傳播者。

一言千鈞

不做散播流言的傳聲筒，我們也就不易被推到是非的風口浪尖上。一個善於制止謠言的人，即使很不幸地被捲入是非的漩渦中，他也不會因為被誤解而急於解釋，他知道這樣只會越描越黑，可能還會解釋出新的謠言。他會保持沉默，將謠言當成浮雲，讓時間替自己澄清一切。

人人都有「不能說的秘密」別向同事吐露隱私

隨著人們觀念的日益更新，很多傳統規則已經逐漸被遺忘，比如，「男不問收入，女不問年齡」等職場隱私保護規則，就經常在同事的閒聊中被遺忘。與之相對的是，一些職場中人也經常對同事敞開心扉，把自己的隱私統統告訴同事。

某知名雜誌曾以「你會向同事吐露隱私」為主題進行了一項調查，結果顯示：「會向關係很好的同事透露個人隱私」的人數佔 54.35%，「對同事很少保留隱私」的人數佔 4.35%，26.63% 的人表示自己絕對不會向同事透露個人隱私，而 14.67% 的人選擇了不知道。

一位人力資源專家表示：「目前，臺灣的隱私權保護還處於起步階段，這其中有一個關鍵的問題是，大多數人並沒有意識到在職場中保護自己的個人隱私的重要性，最終出現問題後才後悔，才進行補救和掃尾工作，但那時已經晚了。」

任新賢在一家教育培訓機構工作，他一年有三分之二的時間都在出差。所以，他一直認為自己不會捲入辦公室的八卦漩渦中，但最近發生的一件事改變了他的看法，他覺得自己在辦公室中並非處於安全的境地。

那天，他從外地出差回來，剛進辦公室，對桌的同事就問他：「任新賢，聽說你打算自立門戶？」接下來的幾個小時中，不斷有同事前來打探消息。沒過多久，連上司也來「關注」他的動態。任新賢非常納悶，他是有辭職創業的打算，但一直沒有對外公佈這件事，僅對關係較好的兩個同事說過，怎麼現在就人盡皆知了？後來，一個同事主動「負荊請罪」，任新賢心中的疑團才解開。

原來，在一次公司聚餐上，同事們談起了一個投資項目，這個同事一聽，正是任新賢打算投資創業的那個項目，就脫口而出：「原來這個投資項目這麼有前景，怪不得任新賢想單飛，這小子真有眼光！」他剛說完，就覺得自己洩露了任新賢的隱私，但想收回已經來不及了。於是，任新賢想創業的消息就傳遍了公司。

故事中的那個同事是無心之過，他不是故意將任新賢的隱私透露出去，以換取某種利益。但是，在職場中，有一些小人會故意出賣同事的隱私，為自己牟利。所以，與同事閒聊時，我們一定要選好話題，不能為了「要對同事真誠一點」，就將隱私全盤托出，也許推心置腹的結果就是對方把我們賣了。

很多人看似對別人的隱私沒有任何興趣，其實卻時刻在捕捉資訊，我們無法得知對方的詢問，是不經意的提問還是另有目的。有時候，我們會被生活或工作壓得喘不上氣，很想要找人傾訴一下心底的秘密。但我們要記住這一點，同事不是心理醫生，無法幫我們保守秘密，有些秘密還是鎖在自己的心裡比較保險。

但是，我們沒必要把隱私看得死死的，如果有人總是對同事擺出一副「只講公事，私事免談」的面孔，同事一方面會覺得他為人古怪，難以相處，另一方面會覺得他身上有很多秘密，並不斷揣測，製造流言。

一位網名為「中年白領」的網友講過這樣一件事情：

「我們公司要求人人在通訊錄上登記家庭地址和住家電話號碼，但安美燕是個例外，她堅決不填寫。不僅如此，她對上司、同事、客戶一律不肯透露，沒人知道她的確切住址。她的故作神秘令公司謠言四起：有人說她被富翁包養了，住在豪華別墅裡；有人說她欠別人一大筆錢，住在郊區躲債。一次，我看見她在茶水間裡一邊哭，一邊打電話：『你說，我就是想保留點隱私，所以才不告訴同事我住在哪裡，他們就到處造謠……』聽到這裡，我為她暗暗叫屈，她只是想保護自己的隱私，只是做得有些過頭，反而引來麻煩。」

加強職場隱私權的保護度，一是可以讓我們有一個安寧和諧的工作環境，提高工作效率，二則可以讓我們擁有私人空間，免受一些職場小人的打擾。所以，適度保護隱私是我們必須學習和掌握的「防身術」。

一言千鈞

一位人際關係專家說過：「保護自己的隱私，僅僅依靠同事之間的信任和道德的約束是遠遠不夠的。」在職場中，我們盡量不要與同事談有關隱私的話題；不要在工作電腦中儲存個人私密照片、影片等，在網誌等發佈文章時要謹慎一些。小心駛得萬年船，防範工作做得好，我們的船才能行駛得平穩一些。

國家圖書館出版品預行編目（CIP）資料

加薪升職張口就來 / 李志堅著 . -- 第一版 . -- 臺北市：樂果文化出版：紅螞蟻圖書發行，2013.11
面； 公分 . --（樂成長；12）
ISBN 978-986-5983-51-2（平裝）

1. 說話藝術 2. 口才 3. 職場成功法

192.32　　102019979

樂成長 12

加薪升職張口就來

作　　者／李志堅
總 編 輯／何南輝
責任編輯／韓顯赫
行銷企劃／張雅婷
封面設計／鄭年亨
內頁設計／Christ's Office

出　　版／樂果文化事業有限公司
讀者服務專線／（02）2795-3656
劃撥帳號／50118837 號　樂果文化事業有限公司
印 刷 廠／卡樂彩色製版印刷有限公司
總 經 銷／紅螞蟻圖書有限公司
地　　址／台北市內湖區舊宗路二段 121 巷 19 號（紅螞蟻資訊大樓）
電話：（02）2795-3656
傳真：（02）2795-4100

2013 年 11 月第一版　定價／280 元　ISBN 978-986-5983-51-2